Hannes F. Stiegler

«Lampedusa, nos désirs et silences»
Édition trilingue français-anglais-allemand

"Lampedusa, Desires and Silence"
Trilingual edition French-English-German

„Lampedusa, Sehnsucht und Schweigen"
Dreisprachige Ausgabe Französisch-Englisch-Deutsch

Hannes F. Stiegler

«Lampedusa, nos désirs et silences»
Édition trilingue français-anglais-allemand

"Lampedusa, Desires and Silence"
Trilingual edition French-English-German

„Lampedusa, Sehnsucht und Schweigen"
Dreisprachige Ausgabe Französisch-Englisch-Deutsch

.

Toutes les traductions sont basées sur un choix de poèmes, pris du livre «Lampedusa, nos désirs et silences» éd. Muse 2023, par Chardin Fresnel Dzama-Omeko.

All translations are based on a selection of poems from the book "Lampedusa, nos désirs et silences", éd. Muse 2023, by Chardin Fresnel Dzama-Omeko.

Alle Übersetzungen wurden auf der Basis einer Auswahl von Gedichten des Buches „Lampedusa, nos désirs et silences", éd. Muse 2023, von Chardin Fresnel Dzama-Omeko ausgeführt.

Umschlaggestaltung: Hannes Stiegler.
© Motiv nach dem Ölgemälde „lost in light" by Frank Glanz, Salzburg

© 2024 Hannes Stiegler, Salzburg, 2. Auflage

Herstellung und Verlag: BoD – Books on

Demand, Norderstedt

ISBN: 978-3-7597-2049-8

Contenu - Contents - Inhaltsverzeichnis

Préface - Introduction - Vorwort

Préface : Depuis plusieurs années je suis le travail de l'auteur Chardin Fresnel Dzama-Omeko. Ses poèmes reflètent à la fois son âme africaine et son parcours professionnel. Chardin Fresnel est psychologue, enseignant et Serviteur de Dieu à Brazzaville.

À travers sa plume, dans son dernier recueil de poésie « Lampedusa, nos désirs et silences »[1], nous vivons les immenses désirs, inquiétudes et souffrances des gens du point de vue des Africains. Dans ses poèmes assez exigeants, il déplore, accuse, décrit de manière vivante et radicale, exprime son dégoût pour la guerre et la mort d'innocents et met tout son espoir dans la foi en Dieu et dans l'amour. La traduction d'une sélection représentative de plus de quarante poèmes de son volume actuel de poésie en anglais et en allemand était très importante pour moi afin de rendre accessible à un public plus large la perspective d'un «homme du Sud » et de contribuer ainsi à une compréhension globale du problème migratoire chez nous, les « hommes du Nord ».

Introduction: For several years I have been following the work of the author Chardin Fresnel Dzama-Omeko. His poems reflect both his African soul and his professional background. Chardin Fresnel is a psychologist, teacher and Servant of God in Brazzaville.

Through his pen, in his latest poetry collection "Lampedusa, nos désirs et silences"[2] we experience the immense longings, worries and sufferings of people from the perspective of Africans. In his demanding poems he laments, accuses, describes vividly and dramatically, expresses his disgust for war and the deaths of innocent people and puts all his hope in faith in God and love. It was of great importance to me to translate a representative selection of over forty poems from his current volume of poetry into English and German in order to make the perspective of a "Man of the South" accessible to a broader audience and thus contribute to the global understanding of the migration problem among us, "People of the North".

Vorwort: Seit einigen Jahren verfolge ich die Arbeit des Autors Chardin Fresnel Dzama-Omeko. In seinen Gedichten spiegeln sich sowohl dessen afrikanische Seele als auch sein beruflicher Hintergrund. Chardin Fresnel ist Psychologe, Lehrer und Gottesdiener in Brazzaville.

Durch seine Feder erfahren wir in seiner neuesten Lyriksammlung „Lampedusa, nos désirs et silences"[3] die immensen Sehnsüchte, Sorgen und Leiden der Menschen aus der Sicht der Afrikaner. In seinen anspruchsvollen Gedichten lamentiert er, klagt an, schildert bildhaft und drastisch, drückt seine Abscheu gegen Krieg und das Sterben von Unschuldigen aus und setzt seine ganze Hoffnung in den Glauben an Gott und die Liebe. Die Übersetzung einer repräsentativen Auswahl von über vierzig Gedichten aus seinem aktuellen Gedichtband ins Englische und Deutsche war mir ein großes Anliegen, um die Sicht eines „Menschen des Südens" einem breiteren Publikum zugänglich zu machen und einen Beitrag, zum globalen Verständnis der Migrationsproblematik bei den „Menschen des Nordens" zu leisten.

---

[1] Chardin Fresnel Dzama-Omeko, Lampedusa, nos désirs et silences, éd. Muse, London 2023
[2] Ibid.
[3] Ibid.

Me voici

Me voici gueux parmi les gueux,
Songeur parmi les songeurs,
Errant çà et là, le cœur en lambeaux,
En quête du moi défunt,
Corps éreinté et ramolli,
Le buste en berne,
Entre géhenne et paradis,
L'esprit en proie au tourment.

Me voici, âme mutilée,
Brassant vents et tempêtes,
Traquant l'infime espoir,
Dégoulinant même du visage ennemi.
Comme tout bon flâneur,
Bohème parmi les bohèmes,
Méconnaissable, visage défait
Et méditant.

Me voici las, le point vainement serré,
Mine hargneuse, le pas nonchalant,
Titubant, impitoyablement traqué,
Par le vent qui ramasse tout sur son passage
Et par l'eau qui nous avale sans compter.

Je marche et je tombe,
Telle une feuille morte,
Tel un squelette sorti droit du tombeau.
Et comme si cela ne suffisait pas,
À ma trop grande peine,
La mort, cette indicible compagne, s'invite.

Me voici pétrifié, n'ayant autre part où aller:
En pleine forêt, angoissé,
M'apitoyant sur mon sort et sur le vôtre aussi.

Me voici seul, me voici perdu,
Me voici rêvassant, le cœur saignant,
En attendant qu'un jour,
Je reverdisse enfin.

Here I am

Here I am, beggar among beggars,
Dreamer among dreamers,
Heart torn, wandering back and forth
Searching for the departed self,
My body exhausted and soggy,
Chest at half mast,
Between Gehenna and Paradise,
My spirit has fallen into torment.

Here I am, a mutilated soul,
Winds and storms are brewing,
Chasing for the slightest glimmer of hope
Dripping from the face of the enemy.
Like any real stroller,
Bohemian among bohemians,
Unrecognizable, beaten face
And meditating.

Here I am, tired, fist clenched in vain,
Contrite face, casual step,
Staggering, hunted mercilessly,
By the wind, taking everything in its path,
And by the water that swallows us countlessly.

Marching and falling,
Like a dead leaf,
Like a skeleton straight from the grave.
And on top of that
To my great pain,
Death emerges, this unspeakable fellow

Petrified, I cannot go anywhere else:
Scared, in the middle of the forest
Suffering from my plight and yours.

Here I am alone and lost,
Dream-shaken, with a bleeding heart
Waiting for the day
To blossom again.

Hier bin ich

Hier bin ich, Bettler unter Bettlern,
Träumer unter Träumern,
Das Herz zerrissen, wandere ich hin und her
Auf der Suche nach dem toten Selbst,
Mein Körper, erschöpft und ausgelaugt,
Brust auf Halbmast,
Zwischen Gehenna und Paradies,
Wird mein Geist gequält.

Hier bin ich, verstümmelte Seele,
Winde und Stürme brauen sich zusammen
Jage nach geringstem Hoffnungsschimmer
Der vom Gesicht des Feindes tropft.
Wie jeder richtige Flaneur,
Bohemien unter Bohemiens,
Unkenntlich, entstelltes Gesicht
Und meditierend.

Hier bin ich, müde, die Faust vergeblich geballt,
Zerknirschte Miene, lässiger Schritt,
Taumelnd, gnadenlos gejagt,
Vom Wind, der alles auf seinem Weg mitnimmt,
Und vom Wasser, das uns zahllos verschlingt .

Marschieren und fallen,
Wie ein totes Blatt,
Wie ein Skelett direkt aus dem Grab.
Und obendrein,
Lädt zu meinem großen Schmerz,
Der Tod sich ein, dieser unsägliche Kumpan

Versteinert bin ich, kann nirgendwo anders hin:
Verängstigt, mitten im Wald
Leide ich an meiner und eurer Not.

Hier bin ich allein und verloren,
Traumgeschüttelt, mit blutendem Herzen
Und warte darauf, dass ich eines Tages
Wieder erblühe.

Et nous quittâmes nos lauriers moisis

Et nous quittâmes nos lauriers moisis,
Pour vaincre et sautiller.
Outre rive, nous nous fîmes l'amour en solo.

Et nous marchâmes vers l'inconnu,
N'ayant plus rien à espérer,
Emportant avec nous le sombre châtiment d'être né.

La nuit, nous dansâmes dans le néant,
Le corps frémissant.
Et nous arrivâmes à Lampedusa,
Purgatoire maudit,
Yeux larmoyants, le cœur défait.

Quant à ce monstre hideux, la guerre,
Elle est sauvage,
C'est une folie,
Qui toujours nous affriole,
Pour glaner quelques gouttelettes de sang.
Elle a terrassé bien des empires,
Brûlé des royaumes,
Déchiré bien des amours.
Son langage demeure inchangé :
Le plus habile vainc le nonchalant
Et quand les corps se lassent,
On trouve une table,
Pour signer tout un tas de paperasses

And we abandoned our mouldy laurels

And we abandoned our mouldy laurels
To conquer and jump.
Across the river we made love alone.

And we walked towards the unknown,
No longer having hope
And bearing the dark scourge of our birth.

At night we danced in nothingness,
Our bodies trembling.
And we arrived in Lampedusa.
That damned purgatory,
Eyes full of tears, broken hearts.

War, you hideous monster,
How cruel you are,
A madness
That always tempts us
To collect a few drops of blood.
You have destroyed countless empires,
Burned kingdoms,
Torn many loves.
Your language remains unchanged:
The cleverest defeats the nonchalant.
And when bodies get tired,
We find a table
To sign a bunch of paperwork

Und wir verließen unsere modrigen Lorbeeren

Und wir verließen unsere modrigen Lorbeeren,
Um zu erobern und zu springen.
Jenseits des Flusses liebten wir uns allein.

Und wir liefen in das Unbekannte,
Hatten keine Hoffnung mehr
Und trugen die dunkle Geißel unserer Geburt.

Nachts tanzten wir im Nichts,
Unsere Körper zitterten.
Und wir kamen in Lampedusa an.
Verfluchtes Fegefeuer,
Augen voller Tränen, gebrochene Herzen.

Krieg, du abscheuliches Monster,
Wie grausam du bist,
Ein Wahnsinn,
Der uns immer wieder verführt,
Ein paar Tropfen Blut zu sammeln.
Du hast viele Reiche zerstört,
Königreiche niedergebrannt,
Viele Lieben zerrissen.
Seine Sprache bleibt unverändert:
Der Geschickteste besiegt den Nonchalanten.
Und wenn die Körper müde werden,
Finden wir einen Tisch,
Um einen Haufen Papierkram zu unterschreiben

Qui me reconnaîtra

Qui me reconnaîtra, moi le quidam,
Qui se rappellera
Ce voyageur insolite?
Crâne rasé, regard perdu, mine glaciale,
Air rêvassant.
Qui l'ouvrira pour dire :
«Je l'ai connu un soir,
C'était un bon vivant,
Il aimait rire et il riaít.
Frêle,   Il veillait sur ses pas,
Je dirai même qu'il était saint»

Qui l'ouvrira pour dire : «Son sarcophage,
Permettez que je le porte,
Ce fut un ami fort aimable.
Permettez que je parfume son corps
De myrrhe et d'encens,
Il priait et Dieu l'exauçait»

Peut-être que du millier deux sortiront,
Ou peut-être pas et mon cadavre jonchera,
La terre inondée de sang,
De mon cher Congo dépouillé.

Le Christ aussi eut son lot de traitres,
Car pour plusieurs, la bonté est un mythe.
Leurs âmes vers le mal courent, inexorablement.
Chaque jour que Dieu fait,
Le méchant creuse davantage sa tombe,
Mais, ne le sait pas.
Bientôt, seul, il s'enterrera,
Et dans les enfers où son corps descend,
Aucune paix,
Aucune main secourable, ne viendra à son aide.

Who will recognise me

Who will recognise me,
Who will remember
This weird traveller?
Bald skull, lost look, icy countenance,
Dreamy gaze.
Who will say one day,
"I met him one evening,
He was a bon vivant,
He loved to laugh and how he laughed.
How frail he was,
Watching his step,
I dare even say he was a saint"

Who will say one day
"Let me carry his coffin.
He was a nice friend.
Allow me to embalm his body
With myrrh and frankincense.
He prayed and God heard him".

Maybe two out of a thousand will make it,
Or maybe not, and my corpse will lie
In the blood-soaked earth
Of my beloved and barren Congo.

Also Christ had his betrayers,
Because for many, goodness is a myth.
Their souls inexorably turn to evil.
With every day that God creates,
The evil one goes on digging his grave ,
But he does not know it.
Soon he will bury himself,
And the hell into which his body descends,
Will grant him no peace,
No helping hand to succour him

Wer wird mich erkennen

Wer wird mich erkennen,
Wer wird sich an diesen
Ungewöhnlichen Reisenden erinnern?
Kahler Schädel, verlorener Blick, eisige Miene,
Verträumter Blick
Wer wird eines Tages sagen:
„Ich habe ihn eines Abends kennengelernt,
Er war ein Lebemann,
Er lachte gerne, und wie er lachte.
Ein Gebrechlicher,
Der immer auf seine Schritte achtete,
Ich würde sogar sagen, er war ein Heiliger"

Wer wird eines Tages sagen:
„Lasst mich seinen Sarg tragen!
Er war ein netter Freund.
Erlauben Sie, dass ich seinen Körper
Mit Myrrhe und Weihrauch salbe.
Er betete und Gott erhörte ihn".

Vielleicht schaffen es zwei von Tausend,
Vielleicht aber auch nicht, und mein Leichnam
Wird In der blutgetränkten Erde
Meines geliebten, trostlosen Kongos liegen.

Auch Christus hatte seine Verräter,
Denn für viele ist die Güte ein Mythos.
Ihre Seelen wenden sich ehern dem Bösen zu.
Mit jedem Tag, den Gott neu erschafft,
Schaufelt der Böse sein Grab weiter,
Aber er weiß es nicht.
Bald wird er sich begraben,
Und in der Hölle, in die sein Körper hinabsteigt,
Wird ihm kein Frieden,
Und keine helfende Hand beistehen .

Je me disais

Je me disais:
J'irai là où me mènera le zéphyr,
J'irai partout où loge l'espoir.

Je me disais, sacrément confiant:
J'irai au pays sien, soupirer tel un chien repu,
Renifler sans émoi l'odeur de tes châteaux.

Mais maintenant que tu me dis:
«Retourne, rejoins ta jungle et tes taudis.
Je pâlis, peiné de m'être leurré,
D'avoir cru en ta bonhommie,
Frère du Nord».

«Et pourtant je n'ai rien dit quand tu conquis mes terres,
En flattant mon ego de modiques présents.
Mes yeux lorgnaient sur ton froid,
Las du soleil qui m'a tant brûlé,
Et te voilà recroquevillé,
Dans cette bulle impénétrable
Qui martyrise même la raison,
Et ton chemin, rendu impraticable»

Je me disais, sans l'ombre d'un doute,
Que je viendrai vers toi, pour un périple,
Ou pour une idylle,
Hélas, tu as cru bon
De fermer ta porte à double tour,
Pour qu'aucun paria n'approche.

I said to myself

I said to myself:
I will go wherever Zephyr takes me,
I will go wherever hope dwells.

I said to myself, arrogant as hell:
I will go to his country, sighing like a full dog
Soberly soaking up the smell of your castles.

But now that you tell me,
"Go back to your jungle and your slums,
I turn pale from deep frustration,
Because I believed in your goodness,
Brother from the North".

"And yet I said nothing when you conquered
My land and seduced my ego with trinkets.
My eyes squinted at your cold,
Tired of the sun that burned me so much.
And now you retreat
Into this impenetrable bubble,
That tortures the mind.
Your path has become impassable."

I thought, without any shadow of a doubt,
That I would visit you,
On a long journey, or for a romance,
Alas, you decided
To double lock your door,
So that no pariah would enter.

Ich sagte

Ich sagte mir:
Ich gehe, wohin Zephir mich trägt,
Ich gehe überall hin, wo Hoffnung wohnt.

Ich sagte mir, verdammt arrogant:
Ich gehe in sein Land, seufzend wie ein satter
Hund, der nüchtern am Aroma deiner Burgen
saugt
Aber jetzt, wo du mir sagst:
„Geh zurück in deinen Dschungel, deine Slums,
Erblasse ich, vor der großen Täuschung,
An deine Gutmütigkeit geglaubt zu haben,
Bruder aus dem Norden".

„Und doch schwieg ich, als du mein Land nahmst
Und mein Ego mit Plunder verführtest.
Meine Augen schielten auf deine Kälte,
Müde von der Sonne, die mich so sehr brannte,
Und nun verziehst du dich
In diese undurchdringliche Blase,
Die den Verstand martert.
Dein Weg ist ungangbar geworden."

Ich dachte, ohne den Schatten eines Zweifels,
Dich einfach zu besuchen,
Auf einer langen Reise, oder für eine Romanze,
Leider hast du es vorgezogen,
Deine Tür zweimal zu versperren,
Damit kein Paria eintritt.

Longue est la nuit

Longue est la nuit où l'on s'isole,
Pour retrouver l'humain depuis en décadence,
La nuit où l'on s'abstrait,
Pour glaner quelques roses.
Et quand le jour se termine, tout s'incline,
Le malheur montre enfin son visage.
On épie la moindre issue,
On s'y faufile, à l'occasion.

Longue est la nuit où les enfants font des vœux aux pères,
Peut-être les tiendront-ils.
Longue est la nuit où ils prennent des chemins escarpés.
Ils y vont béatement,
Et l'infernale horde qu'ils forment
Le vacarme qui s'en dégage,
Sont d'incommensurables tremplins à la liberté:
«Nous avons reçu de nos pères l'adresse et la loi»,
Crient-ils en chœur.

Candides, ils croient qu'un jour, nous vivrons d'amour.
Et moi je le crois aussi, malgré les ténèbres de jadis.
On ne doit guère s'affaler longtemps sur des broutilles,
Il faut aimer et c'est tout,
Avancer vers le jour ou vers la nuit,
Pour savoir si l'on peut tenir,
Face à la tempête qui viendra.

Long is the night

Long is the night when we isolate ourselves
To find humanity in the swamp of decadence,
In the night when we abstract ourselves
To collect a few roses.
And at the end of the day, everything inclines,
Misfortune finally shows its face,
We spy out the slightest issue,
We occasionally sneak in.

The night is long when children beg their fathers.
Maybe their wishes will be fulfilled.
The night is long when they walk rugged paths.
Blissful,
In their infernal horde,
Which rises noisily
On the long leap to freedom:
"Our fathers allowed us to pursue new
destinations", they chant in chorus.

Naively they believe to live in love one day,
I believe it too, despite the dark in the past.
Let us not dwell on trifles.
We must love, that's all.
Forward, day and night,
To find out if we can subsist
The approaching storm.

Lang ist die Nacht

Lang ist die Nacht, in der wir uns absetzen,
Um Menschen im Morast der Dekadenz zu
Finden, in der Nacht, in der wir uns abstrahieren,
Um ein paar Rosen zu sammeln.
Und am Ende des Tages, neigt sich alles,
Zeigt das Unglück endlich sein Gesicht,
Wir suchen den geringsten Ausweg,
Und stehlen uns gelegentlich hinein.

Lang ist die Nacht, in der Kinder Väter beknien.
Vielleicht werden Ihre Wünsche erfüllt.
Lang ist die Nacht, wenn sie steile Wege gehen.
Glückselig,
In ihrer infernalen Horde,
Die sich lärmend erhebt
Auf dem weiten Sprung in die Freiheit:
„Unsere Väter erlaubten uns, neue Wege zu
gehen", rufen sie im Chor.

Naiv, glauben sie, dass wir einst in Liebe leben.
Ich glaube es auch, trotz dunkler Vergangenheit.
Verweilen wir nicht in Nichtigkeiten.
Wir müssen lieben, Das ist alles.
Tag und Nacht vorwärts,
Um herauszufinden, ob wir dem
Herannahenden Sturm standhalten können

Quand viendra le jour

Quand viendra le jour,
Où la lune vacillante trônera,
Par-dessus nos crânes chauves.

Quand viendra la saison,
Où puissants et valets s'apprécieront,
Nous traverserons la mer en furie,
Cœurs empoignés.
Nous nous rappellerons la danse des guerriers,
Qui plut à nos aïeules.

Notre joie sera, en ce jour, complète,
Le soleil, la lune, tous ensemble,
S'assiéront pour assister à cette fête énorme,
À la même table, sans que rien ne cloche.

Le Dieu insondable fera en ce jour,
Des miracles à n'en point finir,
Le faible se hissera au rang du fort,
Et le fort sera abaissé.

Ce sera un début de fin,
Et encore un temps, plus rien ne sera,
La terre balayée n'aura que ses chaudes larmes,
Pour pleurer.

When will the day come?

When will the day come
That the flickering moon
Towers above our bald heads?

When will the time come
That powerful people and servants value each other,
That we cross the raging sea
With proud hearts.
That we remember the dance of the warriors,
That our ancestors enjoyed ?

There will be unbridled joy on that day,
When sun and moon,
Dine together without being disturbed
To celebrate extensively.

The inscrutable God will
Perform endless miracles on this day.
The weak are exalted
And the strong are weakened

This will be the beginning of the end,
And for a while there will be nothing.
Purified earth will only have lukewarm tears,
To cry.

Wann kommt der Tag?

Wann kommt der Tag,
Da der flackernde Mond
Über unseren kahlen Köpfen thront?

Wann kommt die Zeit,
Da Mächtige und Diener sich schätzen,
Wir das tosende Meer
Mit stolzen Herzen überqueren.
Wir uns an den Tanz der Krieger erinnern,
Der unseren Ahnen gefiel?

Unbändige Freude wird an jenem Tag herrschen,
Da Sonne und Mond,
Zusammen tafeln,
Um ungestört und ausgiebig zu feiern.

Der unergründliche Gott wird an diesem Tag
Endlos Wunder vollbringen.
Die Schwachen werden erhoben
Und die Starken werden geschwächt

Es wird der Anfang vom Ende sein,
Und für eine Weile wird nichts mehr sein.
Die gereinigte Erde wird nur mehr laue Tränen haben,
Um zu weinen.

Le monde vrille

Le monde vrille, qui le sauvera,
Nos espoirs chavirent, qui les relèvera.
Roublards, hommes veules,
Nous avons trucidé l'espoir pour un vaniteux pécule,
Gravi les marches menant au néant.

Et nous avons reconquis vainement nos terres,
Car d'un maître à l'autre, nous passons.
Sitôt l'un s'en va, sitôt l'autre succède.
Notre destin est ainsi fait.
Versatiles, nous guerroyons au gré du vent,
Nous paraissons plutôt que d'être.

Il règne ainsi malheur sur malheur,
Trouble sur trouble.
Et de cette cacophonie,
Je dis donc : «Et si, et si nous choisissons,
De nous aimer simplement,
De distiller tout autour de nous,
Quelques mielleux vocables,
De dire la paix en chantant
Pour apaiser les cœurs meurtris,
Repeindre de nos voix le cosmos,
Que l'éclat peu à peu se désagrège».

Le monde vrille, et les hommes avec.
Partout la noirceur flambe
Et nul ne se repent sincèrement.

The world is reeling

The world is reeling, who will save it?
Dashed hopes, who will awaken them?
Villains, people without spines
Destroyed the hope of vain money
Climbed the steps leading to nowhere.

And we reclaimed our land in vain,
Wandering from one master to another.
As soon as the one leaves, another takes over.
This is how our fate is determined.
Constantly battling with the wind,
Our essence is rather appearance than reality.

So misfortune reigns upon misfortune,
Anger upon anger.
And out of this cacophony
I say: "And if we decide,
Just loving each other
To distill some honeyed words,
From our surroundings
To chant peace,
To soothe injured hearts,
To recreate the cosmos,
Whose splendour is gradually decaying?"

The world is reeling and people with it.
Darkness burning everywhere,
And no one sincerely regrets.

Die Welt taumelt

Die Welt taumelt, wer wird sie retten?
Enttäuschte Hoffnungen, wer wird sie wecken?
Schurken, Menschen ohne Rückgrat
Zerstörten die Hoffnung auf eitles Geld
Erklommen die Stufen, ins Nichts.

Und wir haben unser Land unnütz zurückerobert,
Wandern von einem Meister zum anderen.
Sobald einer weggeht, übernimmt ein anderer.
So ist unser Schicksal bestimmt.
Ständig mit dem Wind kämpfend,
Ist unser Wesen eher Schein als Sein.

So regiert Unglück über Unglück,
Ärger über Ärger.
Und aus dieser Kakophonie
Sage ich: „Und wenn wir entscheiden,
Uns einander einfach zu lieben,
Und aus unserer Umgebung
Manch honigsüßen Worte herauszudestillieren,
Um Frieden zu singen,
Um verletzte Herzen zu beruhigen,
Um den Kosmos neu zu gestalten,
Dessen Glanz allmählich zerfällt?"

Die Welt taumelt und die Menschen mit ihr.
Überall brennt Dunkelheit,
Und niemand bereut aufrichtig.

Tu n'es pas seul

Tu n'es pas seul, enfant de la mer,
L'espoir se charge de tout.
Il veille sur ton destin.
Bohème, le mal désigné, monstre hideux,
Qui de partout promène sa croûte,
Etre honni, avance sans crainte.

Tu n'es pas seul au milieu des eaux,
Où l'oppression te conduit,
Les affres seront de la partie,
Mais, ne tiendront que le temps d'un baiser.

Tu n'es pas seul et ton triomphe contre les vautours,
Sera indélébile.
Ils pesteront dans le creux de la vague,
Où ils seront.

On dira de toi qu'il vainquit le Léviathan
Un soir ou un matin, qu'importe,
Qu'il est aussi puissant qu'un cerf,
Qu'il broie le fer qui s'érige devant lui.
Que c'est un garçon d'allure frêle,
Qui secoue les masses pesantes,
Par le simple fait d'être une âme simple.

You are not alone

You are not alone, child of the sea,
Hope takes care of everything.
It watches over your fate.
Bohemian, evil, hideous monster
Taking your crust for a walk, cursed being.
You go your way, fearlessly.

You are not alone in the middle of the water
Where oppression takes you to.
The torments will be there,
But will last only the moment of a kiss.

You are not alone and your triumph
Over the vultures will be legend.
They will wreak havoc in the troughs of the
waves. Yes, that's where they will be.

People will tell about you
That one evening or morning, no matter when,
You have defeated Leviathan,
As powerful as a deer crushing iron.
A fragile boy,
Who moves the masses,
Just by being a simple soul.

Du bist nicht allein

Du bist nicht allein, Kind des Meeres,
Die Hoffnung kümmert sich um alles.
Sie wacht über dein Schicksal.
Bohemien, böses, schreckliches Monster
Führst deine Kruste spazieren, verfluchtes Wesen.
Gehst furchtlos deinen Weg.

Du bist nicht allein mitten im Wasser,
Wohin die Unterdrückung dich führt.
Die Qualen werden dort sein,
Dauern aber nur den Augenblick eines Kusses.

Du bist nicht allein und dein Triumph
Über die Geier wird Legende sein.
Sie werden in Wellentälern ihr Unwesen treiben,
Ja, dort werden sie sein.

Man wird über dich erzählen,
Dass du eines Abends oder Morgens, egal wann,
Leviathan besiegt hast,
Mächtig wie ein Hirsch, der Eisen zermalmt.
ein zerbrechlicher Junge,
Der Massen bewegt,
Allein dadurch, eine einfache Seele zu sein.

Quand la mouise tombe soudain

À quoi ressemble-t-on lorsqu'on n'a plus rien,
Plus rien à dire à l'autre,
Plus rien à offrir,
Aucun pécule,
Plus rien à mettre à l'estomac
Oui, à quoi?

À quoi ressemble-t-on lorsqu'on n'a que son sac,
Quelque peu défait,
Son manteau rafistolé,
Ses sandales qui chantent pauvreté?

À quoi, oui, à quoi ressemble-t-on,
Lorsqu'on s'appelle tsigane,
Visage pâle et homme sans gîte,
Lorsqu'on ploie sous le fardeau de ces méchancetés?

Serait-ce péché que de vivre loyalement,
O Dieu qui voit tout et sonde tout?
Cette lumière qui, en nous s'allume,
Devrions-nous l'éteindre,
Et embrasser l'obscure-saison?

When misery suddenly strikes

Who are you when you have nothing left,
Nothing more to say to your neighbour,
No more to give,
No more savings,
Nothing left to fill your stomach?
Yes, who are you?

Who are you when all you own is one bag,
Which is prettily bashed-up?
With a mended coat,
And sandals that sing of poverty?

Yeah, what do you look like,
If you call yourself a gypsy,
Pale face and homeless,
Groaning under the weight of wickedness?

Is it a sin to live honestly?
O God, who sees and explores everything?
This light that shines within us,
Should we really turn it off,
And embrace the time of darkness?

Plötzlich die Misere

Wer ist man eigentlich, wenn man nichts mehr hat,
Seinem Nächsten nichts mehr zu sagen hat,
Nicht mehr geben kann,
Keine Ersparnisse mehr hat,
Nichts mehr da ist, um den Magen zu füllen?
Ja, wer ist man?

Wer ist man eigentlich mit nur einer Tasche,
Die ziemlich ramponiert ist,
Mit geflicktem Mantel,
Und Sandalen, die das Lied der Armut singen?

Wie, ja, wie sieht man aus,
Wenn man sich Zigeuner nennt,
Bleiches Gesicht und obdachlos,
Wenn man unter der Last der Bosheit ächzt?

Ist es denn Sünde, aufrichtig zu leben?
O Gott, der alles sieht und alles erforscht?
Dieses Licht, das in uns aufleuchtet,
Sollen wir es wirklich ausschalten,
Und die Zeit der Dunkelheit umarmen?

Du sang a coulé

Du sang a coulé depuis de nos veines déchirées,
Et l'espoir en allant dodelinant,
Nous laisse pantois.
Pantois tel un Everest embrasé,
De mille flammes et qui espère encore,
À voir l'humain aimer à en perdre haleine,
Alors que nous aiguisons nos flèches,
Pour livrer bataille contre la mémoire édulcorée,
Tout en pensant qu'un soir, peut-être,
L'amour de nouveau fleurira.

Du sang a coulé depuis dans nos cités,
Où règne l'épouvante,
Pourtant, le sage a pris soin d'alerter,
Avant même que le mal ne mûrisse.
Quant au pédant famélique et rustre,
Qui nous écume du flot de ses inepties,
Ne sachant pas qu'un jour le dernier s'élèvera,
Plus haut qu'un sycomore,
Pour dire halte à l'imposture.
Il poursuit sa route vers les ténèbres.

Du sang a coulé depuis,
Pour un rien, comme souvent,
Il a sali bien des villes,
Apeuré bien de mondes.
La mort en extase ramasse ses cadavres,
Et fulmine quand, encore un peu de souffle,
Se dégage de quelque poitrine.

Du sang a coulé et coule encore,
Sous nos yeux paumés,
Et de sommeil et de mort.

Spilt blood

A lot of blood has already flowed
From our torn veins,
And our hope in the swaying march
Leaves us speechless.
Speechless like a burning Everest
In a thousand flames
Who still hopes to see loving people
Losing their breath.
As we sharpen our arrows,
To fight against faded memories,
We surrender to the hope that love
May blossom again one day.

Since then, blood has been shed in our cities
Where terror reigns.
But the wise man warned vehemently,
Still before the evil grew.
But the starving, ruthless pedant,
Who puffs us up with a flood of nonsense,
Ignoring that one day the Last One will stand up,
Taller than a sycamore tree,
To say: Stop the scams!
And continues his way into the darkness.

Blood has been shed since then,
For nothing, as usual,
Has sullied many cities
And scared a lot of people.
The ecstatic Death collects his corpses
And goes into a frenzy when still a small breath
Escapes from one breast.

Blood has flowed and still is flowing,
Before our lost eyes,
Sleep and death.

Vergossenes Blut

Viel Blut ist bereits geflossen
Aus unseren zerrissenen Adern,
Und die Hoffnung im wiegenden Marsch
Macht uns sprachlos.
Sprachlos wie ein brennender Everest
In tausend Flammen,
Der immer noch hofft, liebende Menschen zu
Sehen, deren Atem stockt.
Während wir unsere Pfeile schärfen,
Um gegen die verblasste Erinnerung zu kämpfen,
Der Hoffnung ergeben, dass die Liebe vielleicht
Einst wieder erblühen wird.

Seitdem ist Blut in unseren Städten geflossen,
In denen der Terror herrscht.
Doch der weise Mann warnte vehement,
Noch bevor das Böse heranwuchs.
Der hungernde, ungehobelte Pedant aber,
Der uns mit einer Flut des Unsinns aufbläht,
Ohne zu wissen, dass eines Tages der Letzte
aufstehen wird, höher als eine Platane,
Um zu sagen: Stoppt die Betrügereien!
Und setzt seinen Weg in die Dunkelheit fort.

Seitdem ist Blut geflossen,
Für nichts, wie so oft,
Und hat viele Städte besudelt
Und viele Menschen in Angst versetzt.
Der ekstatische Tod sammelt seine Leichen
Und erregt sich, wenn noch ein kleiner Hauch,
Aus einer Brust entweicht.

Blut ist geflossen und fließt immer noch,
Vor unseren verlorenen Augen,
Schlaf und Tod.

La traversée

«Le ciel brumeux, le vois-tu
Son bruyant vacarme, l'entends-tu
L'immensité de ton rêve n'a-t-il pas des yeux
Pour voir le danger qui s'agrandit»,
Dit le poltron au voyageur insolite
Qui sitôt répond: «Un jour on dira:
Il y avait l'orage,
Il y avait un mistral,
Aussi nos vies longtemps affadies,
Tout tanguait et de partout venait l'alerte.
L'angoisse sillonnant l'endroit,
Où tout se tasse et s'entasse,
Le sanglot belliqueux et harassant,
Emplissait nos âmes de son haleine.
La brise à son tour, y allait de son insolence,
Jamais connue.

Un déluge que nul ne pût arrêter,
Mais des hommes aguerris par quelques épreuves
Riaient aux éclats.»

La vie, c'est donc ce fleuve rocailleux,
Qui coule droit, en dépit des bosses
Cette femme aimée qui toujours s'ajuste,
Pour plaire autant qu'un pollen.
C'est un torrent où chacun s'abreuve,
Une étincelle qui se doit d'être désirée.
Elle est ce rouge capiteux,
Que l'on devrait prendre sans regrets.

Transfer

"The gloomy sky, can you see it?
That loud roar, can you hear it?
Does the magic of your dream
Have no eyes to see the lurking danger?"
Says the coward to the weird passenger,
Who immediately answers: "One day we will say:
There was a storm,
There was the Mistral,
Our lives faded long ago.
Everything shaking, alarms coming from everywhere,
Fear filled the whole place.
Everything crowded and stacked,
Quarrelsome and tortured sobbing
Filled our souls with its breath.
The wind followed in turn
With an insolence, never known before.

An uncontrollable flood.
But the men, hardened by severe trials,
Burst into loud laughter."

So life is this rocky river,
That flows straight despite its bumps,
This beloved fellow who always adapts,
To please as pollen do.
A torrent from which everyone drinks,
A spark to be desired.
It is that inebriating red,
That we should accept, remorselessly.

Überfahrt

„Den düsteren Himmel, siehst du ihn?
Das laute Dröhnen, hörst du es?
Hat die Fülle deines Traums keine Augen,
Die steigende Gefahr zu erkennen?"
Sagt der Feigling zum seltsamen Passagier,
Der sofort antwortet: „Eines Tages werden wir sagen:
Da war Sturm,
Da war der Mistral,
Unsere Leben sind längst verblasst.
Alles wackelte und der Alarm kam von überall,
Angst, erfüllte den ganzen Ort,
Alles dicht gedrängt und gestapelt,
Streitbares und geschundenes Schluchzen
Erfüllte unsere Seelen mit seinem Atem.
Der Wind wiederum folgte
Mit nie gekannter Unverschämtheit.

Eine unbeherrschbare Flut.
Aber die durch schwere Prüfungen gestählten Männer
Brachen in lautes Gelächter aus."

Das Leben ist also dieser felsige Fluss,
Der trotz Holprigkeit geradeaus fließt,
Dieser geliebte Geselle, der sich immer anpasst,
Um wie Pollen zu gefallen.
Ein Wildbach, aus dem jeder trinkt,
Ein Funke, den man begehren muss.
Er ist dieses berauschende Rot,
Das wir ohne Skrupel annehmen sollten.

Là-haut

Là-haut nos âmes diront,
Louée soit la liberté.
La vie me fut terne et maussade,
Mais maintenant, je me vautre dans le bonheur,
La mouise s'en est allée, tristement d'ailleurs.
Elle qui croyait tenir ad vitam aeternam,
S'en va la queue entre les deux minuscules jambes.

Du reste, on soulèvera nos verres,
En l'honneur du vivant,
Et moi j'appelle vent,
Tout ce qui n'a point d'emphase,
Tout esprit médiocre qui fanfaronne,
Celui qui jamais ne se repent.
Et vers l'indigent j'étendrai ma main volontiers,
Sans humer son corps,
Je l'envelopperai de plus chaleureux baisers,
En attendant qu'un monde autre,
Fût-ce-t-il un enfer ou un paradis nous héberge,
Je veillerai sur la mémoire des peuples inconsidérés,
Je tonnerai sur les toits,
En faveur de la liberté des femmes,
Qui depuis sortent peu à peu du brouillard,
Longtemps posé sur leurs têtes.

Là-haut, auprès de Dieu, costumé ou nu,
Nous serons vainqueurs en tout point,
Tout sera arasé pour qu'aucun ne se sente lésé.

Up there

Up there our souls will say:
Praise be to freedom.
Life seemed boring and gloomy to me,
But now I wallow in happiness.
Misery disappeared, somehow sad.
It thought to stay ad vitam aeternam.
Now it disappears, tail between two tiny legs.

For the rest we raise our glasses,
In honour of the living.
I shall call wind
Anything deprived of emphasis.
Every mediocre spirit that boasts,
And never repents.
I gladly give my hand to the one in need.
Without smelling his body,
I will wrap him in warm kisses,
Waiting for another world,
Be it hell or paradise, to protect us.
I will watch over the memory of the weak,
I will thunder on the roofs,
In favour of the freedom of women,
Gradually emerging from the mist
Hovering over their heads for long.

Up there, with God, clothed or naked,
We will be perfect victors.
Everything is levelled
So that no one feels treated unfairly.

Da oben

Dort oben werden unsere Seelen sagen:
Gepriesen sei die Freiheit.
Das Leben erschien mir langweilig und düster,
Aber jetzt schwelge ich im Glück.
Die Misere verschwunden, irgendwie traurig.
Sie dachte, sie bliebe ad vitam aeternam.
Nun trollt sie sich, mit eingezogenem Schwanz

.

Für den Rest erheben wir unser Glas,
Zu Ehren der Lebenden.
Wind ist für mich alles
Was ohne jedwede Bedeutung ist,
Jeder mittelmäßige Geist, der prahlt,
Und niemals Buße tut.
Dem Bedürftigen reiche ich gerne meine Hand
Ohne an seinem Körper zu riechen,
Werde ich ihn in wärmste Küsse hüllen.
Während ich darauf warte, dass eine andere Welt,
Sei es Hölle oder Paradies, uns beschützt.
Ich wache über die Erinnerung der Schwachen,
Ich werde auf den Dächern donnern,
Zugunsten der Freiheit der Frauen,
Die sich allmählich aus dem Nebel erheben,
Der lange Zeit über ihren Köpfen schwebte

Dort oben, bei Gott, bekleidet oder nackt,
Werden wir vollkommene Sieger sein.
Alles wird nivelliert,
Damit sich niemand ungerecht behandelt fühlt.

Étranges destins

Ils parlaient à la mer,
Ils parlaient aux vagues,
Qui, indolents, n'eurent pour eux,
Aucune compassion.

Ils sursautaient et nous les voyions,
Les yeux larmoyants, nous les vîmes sauter,
Impassibles, nous n'avons rien pu faire.
Les vagues y allaient de leur démence,
De leur ardente férocité.
Ils consultèrent les dieux et rien ne se fit,
Peut-être n'en faisaient-ils pas assez,
Et qu'en gémissant, ils priaient mal.

La mort sur eux jeta son manteau,
Le plus sombre et le plus lourd,
Ils se remémorèrent leurs amours,
Ayant flétris depuis.

Du clapotis, ils passèrent,
Au plus strident vacarme,
Bientôt l'esquif cédera,
Et les larmes inonderont l'endroit.

Strange fate

They spoke to the sea,
They spoke to the waves,
Which in their indolence
Had no pity for them.

They jumped up and we saw them.
We watched them jump with tears in the eyes.
Indifferent. We could not do anything.
The waves approached in their madness,
With their burning ferocity.
They asked the gods and nothing happened.
Maybe they did not do enough
And prayed too poorly in their condition.

Death cast its coat over them,
The darkest and heaviest.
They remembered their love,
That had since withered.

They grew from splashing
Till the worst thunder.
Soon the boat will give way,
And tears will flood the place.

Seltsames Los

Sie sprachen mit dem Meer,
Sie sprachen mit den Wellen,
Die in ihrer Trägheit
Kein Mitleid mit ihnen hatten.

Sie sprangen auf und wir sahen sie.
Mit Tränen in den Augen sahen wir sie springen.
Gleichgültig. Wir konnten nichts tun.
Die Wellen näherten sich in ihrem Wahnsinn,
Mit ihrer glühenden Wildheit.
Sie befragten die Götter und nichts geschah.
Vielleicht taten sie nicht genug
Und beteten zu schlecht in ihrem Zustand.

Der Tod warf seinen Mantel über sie,
Den Dunkelsten und Schwersten.
Sie erinnerten sich an ihre Liebe,
Die seitdem verdorrt war.

Vom Plätschern wuchsen sie
Bis zu ärgstem Donner heran.
Bald wird der Kahn nachgeben,
Und Tränen werden den Ort überschwemmen.

Ce pays qui m'habite

Nul besoin de rompre,
L'intime lien qui m'attache,
À ces lieux connus,
À l'Afrique, ma passion,
À la vie qui nous promène de partout,
À tous ces braves gens qui forcent l'admiration,
Qui ne se laissent pas broyer par le contexte.

J'étais là et je ne suis plus,
Demain, je crois, je reviendrai,
Ne m'attendez pas,
Je serai un peu en retard,
Le temps de tout fignoler.

Terre que ses fleuves m'habitent,
Et que mon âme sillonne les flots,
Tes effluves ne me seront jamais étrangers,
Chaque jour, ils me parviennent,
Et me revigorent.

Et quand on me demandera pourquoi tant d'amour,
Pour cette terre vendue,
Je répondrai en ces termes : Dans ce flou,
J'ai dégoté l'attention.
Comme une mère, l'Afrique m'a bercé,
Comme une femme, elle m'a séduit.

This land that is within me

No reason to break,
The intimate bond that connects me,
With these familiar places,
With Africa, my passion,
With life that takes us everywhere,
With all these courageous, wondrous people
Who won't let themselves defeated by these
circumstances.
I was there and I am not there anymore.
Tomorrow I think I will return.
Do not wait for me.
I am a little late.
I need time for finishing the lot.

Land whose rivers dwell within me
And whose waves furrow my soul.
Your scents will never be foreign to me.
Every day they appear to me
And refresh me.

And when someone asks me
Why so much love for this sold land,
I will answer in this way: In this obscurity
I discovered attention.
Africa cradled me like a mother.
And seduced me like a woman.

Dieses Land, das mir innewohnt

Kein Grund das innige Band zu brechen,
Das mich mit diesen
Vertrauten Orten verbindet,
Mit Afrika, meiner Passion,
Mit dem Leben, das uns überall hinführt,
Mit all diesen mutigen, wundersamen Menschen,
Die sich durch Umstände nicht unterkriegen
lassen
Ich war da und bin es nicht mehr.
Morgen, so denke ich, kehre ich zurück.
Wartet nicht auf mich.
Ich verspäte mich etwas.
Ich brauche Zeit, um alles zu Ende zu bringen.

Land, dessen Flüsse in mir wohnen
Und dessen Wellen meine Seele durchfurchen.
Deine Düfte werden mir niemals fremd sein.
Jeden Tag erscheinen sie mir
Und erquicken mich.

Und wenn mich jemand fragt,
Warum so viel Liebe für dieses verkaufte Land,
Antworte ich so: In dieser Unklarheit
Entdeckte ich die Aufmerksamkeit.
Afrika hütete mich wie eine Mutter
Und verführte mich wie eine Frau.

Tout s'éloignera quand le temps sera venu

Autant s'éloignent les berges,
Autant s'éloigne la vie,
Et nos corps huchés de travers,
Brûlent d'envie d'être enfin appelés rescapés.

Nous suffoquons, c'est vrai, nous suffoquons pour un bonheur,
Qui n'est plus qu'à quelques centaines de nautiques.
La mort rôde, elle nous épie,
Sans que cela ne nous empêche de rêver,
De penser aux délices qui attendent de l'autre côté.

Nulle espérance ne pourrait se comparer à la nôtre,
C'est la foi rendue folie par liardent désir,
Qui nous tenaille,
C'est un vœu longtemps mûri,
Qui point à l'horizon.

Nous avons encagé la peur,
Pour ne point valser.
Et si nos corps tremblotent,
C'est parce que nos narines sifflotent encore.

Il est passé, le temps où on baguenaudait,
Au péril de nos vies,
Le temps où on se hâtait lentement.

Everything will disappear at the right time	Alles wird verschwinden, wenn die Zeit reif ist
When the banks vanish,	Wenn die Ufer weichen,
So does life.	Weicht auch das Leben
Our twisted bodies	Unsere verbogenen Körper,
Are eager to finally see themselves as survivors.	Brennen danach, endlich als Überlebende zu gelten.
We are suffocating, yes.	Wir ersticken, ja.
We are suffocating for happiness	Wir ersticken für das Glück,
Only a few hundred nautical miles away.	Das nur ein paar hundert Seemeilen entfernt liegt.
Death lurks and spies,	Der Tod lauert und spioniert,
Without disturbing our dreams	Aber er stört uns nicht beim Träumen
And thoughts of joys waiting over there.	Und bei den Gedanken an die Freuden, da drüben.
No hope compares to ours.	Keine Hoffnung ist mit der unseren vergleichbar.
Faith, carried away by ardent desire,	Der Glaube, durch glühendes Verlangen entrückt,
Torments us.	Peinigt uns.
A wish long mature	Ein längst gereifter Wunsch,
Is painted on the horizon.	Zeigt sich am Horizont.
We locked away anxiety	Wir haben die Angst weggesperrt,
So as not to waltz.	Um nicht Walzer zu tanzen.
And when our bodies tremble,	Und wenn unsere Körper zittern,
It is because of our whistling nostrils.	Liegt dies an unseren pfeifenden Nasenflügeln.
Time is over	Die Zeit ist vorbei
When we endangered our lives.	Als wir unser Leben gefährdeten.
The time when we hurried slowly	Die Zeit, in der wir uns langsam beeilten

On n'a qu'une seule vie

On n'a qu'une seule vie, celle qu'on offre,
Celle qu'on offre à l'idéal et aux autres,
A l'idéal et aux rêves.

On n'a qu'une seule corde,
Celle qu'on tend à l'amour et au talent,
Pour les voir fleurir, tous deux.
On n'a qu'une seule vie,
Celle qui nous attache à notre inclination,
Sans peine et sans remords.

On n'a qu'une seule vie,
Celle qui court plus vite que l'ombre d'un chat,
Plus vite qu'une fusée,
Celle que l'on voit couler vers des contrées ténébreuses,
Où la mort goguenarde n'est plus un mystère,
Elle se fête autour d'un verre.

On n'a qu'une seule vie, amis lecteurs,
Celle qui nous garde éveillée,
Nous tire de l'ennui,
Que sème la mort cherchant qui dévorer.

On n'a qu'une seule vie,
Celle qui se prête à nous.
N'oubliez pas de l'étreindre,
De peur qu'elle ne se couche pendant trop longtemps.

We have only one life

We have only one life to offer,
For our ideals and our fellow men,
For our ideals and dreams.

We have only one rope
To attach to love and talent
To see both flourish,
We have only one life,
That binds us to our inclinations,
Without pain and regret.

We have only one life,
That runs faster than a cat's shadow,
Faster than a rocket
Heading towards unknown lands,
Where death is blatantly mocked
And given homage in drinking sprees.

We have only one life
That keeps us awake,
Frees us from boredom,
Sown by death, constantly in search
Of devouring anything.

We have only one life
That is presented to us.
Do not forget to hug it,
So that it does not lie dormant for too long.

Wir haben nur ein Leben

Wir haben nur ein Leben zu bieten,
Für unsere Ideale und unsere Nächsten,
Unsere Ideale und Träume.

Wir haben nur ein Seil,
Das wir an Liebe und Talent festmachen,
Um beide gedeihen zu sehen.
Nur ein Leben,
Das uns an unsere Neigungen bindet,
Ohne Schmerz und ohne Reue.

Wir haben nur ein Leben,
Das schneller rast als der Schatten einer Katze,
Schneller als eine Rakete
Am Flug zu unbekannten Orten,
Wo dem Tode frei gespottet
Und in Trinkgelagen gehuldigt wird.

Wir haben nur ein Leben,
Das uns wach hält,
Uns der Langeweile entreißt,
Gesät vom Tod, auf steter Suche nach allem,
Was er verschlingen kann.

Wir haben nur ein Leben,
Das sich uns bietet.
Vergesst nicht, es zu umarmen,
Damit es sich nicht zu lange zur Ruhe legt.

Le poète

Du flot jaillit le monstre,
Et le poète en arrivant se tait au mieux,
Épie le mouvement le pied en alerte.
Il te dira: demeure ou allonge le pas,
Gueule ou clos ton bec.

C'est encore là un autre illuminé,
Qui a tout compris de la vie,
La nuit le perdra,
Et le remords rangera,
Jusqu'au fond ses entrailles,
Quand il verra le monde chavirer,
Fondre tel un château mal conçu.

Et pourtant nous l'avons aimé,
Nous l'avons même baptisé d'un nom nouveau :
Celui qui dit et les murs s'ébranlent.

Mais quand soudain le mot assez fort,
Assez lucide, sort de sa bouche
Pour nous tirer de l'ornière,
Quand le roi perdu dans sa forêt déploie ses griffes,
Pour dévorer ce brave homme,
Cette âme flamboyante,
Nous nous murons allègrement,
De peur de connaître pareil destin,
Nous le voyons charrié par des sauvages,
Inoffensifs, sans brigade,
Humblement et simplement, nous pleurons.

The poet

The monster emerges from the flood.
When the poet arrives,
He is as silent as possible.
Proceeding cautiously,
He is in control of his step.
He will tell you: stand still or move on,
Keep your mouth or beak shut.

Nothing but another enlightened one,
Who understood entire life.
The night will lose him,
Regret will spread
To the depths of his bowels,
When he sees the world failing
Fading away like a poorly planned castle.

And yet we loved him.
We even gave him a new name:
The one whose words make the walls shake.

But if suddenly the word
Creeps from his mouth strongly and clearly
To pull us out of the maze.
When the King gets lost in the forest
And extends his claws
To devour this brave man,
This burning soul,
We wall ourselves in cheerfully,
For fear of experiencing such a fate.
We see him carried away by savages,
Peacefully, without an army,
We simply cry humbly.

Der Poet

Aus der Flut entspringt das Monster.
Wenn der Dichter ankommt,
Schweigt er tunlichst.
Mit behutsamem Schritt
Hat er die Bewegung in Kontrolle,
Er wird dir sagen: Bleib stehen oder gehe weiter,
Halte Deinen Mund oder den Schnabel.

Nichts als ein weiterer Erleuchteter,
Der das ganze Leben verstanden hat.
Die Nacht wird ihn verlieren,
Reue wird sich ausbreiten
Bis in die Tiefen seiner Eingeweide,
Wenn er sieht, wie die Welt scheitert
Und wie ein schlecht geplantes Schloss vergeht.

Und doch liebten wir ihn.
Wir gaben ihm sogar einen neuen Namen:
Derjenige, dessen Worte Wände erbeben lässt.

Aber wenn plötzlich das Wort
Stark und klar aus seinem Munde kriecht,
Um uns aus dem Labyrinth zu ziehen.
Wenn der König sich im Wald verliert
Und seine Krallen zeigt,
Um diesen tapferen Mann,
Diese brennende Seele, zu verschlingen,
Mauern wir uns munter ein,
Aus Angst, derart Schicksal zu erleben.
Wir sehen ihn von Wilden weggetragen,
Friedlich, ohne Armee.
Wir weinen einfach demütig.

Quand la nuit tombe et n'attend pas

Les ténèbres pointant à l'horizon,
Un fou heureux de sa folie,
Sans haillons,
S'invite au banquet de l'histoire,
Gaiement et aux yeux de tous.

«Voici donc un effarouché», que dit la prophétesse,
«Qui tuera demain sans froid,
Peut-être l'a-t-il déjà fait», ajoute-t-elle en chuchotant
«Ne faites rien de sordide,
Il s'en ira tout seul,
Son orgueil l'éloignera et sa haine l'embrasera».

C'est une bombe, ne la pressez pas,
Sauvez-vous pendant qu'il est encore temps,
Et quant à la patrie, Elle sommeille en vous.

Faites que la nuit en tombant,
Ne vous emporte.
Vers Dieu, tendez l'oreille et écoutez son murmure,
Aimez-vous d'un amour éternel.
Au besoin, envolez-vous vers les cieux,
Où Gabriel, combattra pour vous.

When night falls without mercy

Darkness looms on the horizon,
A fool, happy with his madness,
Without rags,
Invites himself happily and in front of everyone
To the banquet of history.

"Here is a frightened man", says the prophetess,
"Who will kill in cold blood tomorrow,
Maybe he already did so?" she adds
And whispers:
Do not do anything dirty,
He will leave voluntarily,
His pride will draw him away,
His hatred will inflame him."

It is a bomb, do not touch it!
Save yourself while there is still time.
And as for home, it slumbers within you.

Mind that the night approaching
Does not tear you away.
Turn your ear to God and listen to his whisper:
Love one another with everlasting love.
If necessary, fly to heaven
Where Gabriel will fight for you.

Wenn die Nacht gnadenlos hereinbricht

Dunkelheit liegt am Horizont,
Ein Verrückter, im Glück mit seinem Wahnsinn,
Ohne Lumpen,
Lädt sich fröhlich und vor aller Augen
Zum Bankett der Geschichte ein.

„Hier ist ein Verängstigter", sagt die Prophetin,
„Wer wird morgen kaltblütig töten,
Vielleicht hat er es schon getan?", fügt sie hinzu
Und flüstert:
„Tu nichts Schmutziges,
Er wird freiwillig gehen,
Sein Stolz wird ihn hinwegfegen,
Sein Hass wird ihn entflammen."

Es ist eine Bombe, berührt sie nicht!
Rettet euch, solange noch Zeit ist.
Und eure Heimat, sie schlummert in euch.

Gebt Acht, dass die hereinbrechende Nacht
Euch nicht mitreißt.
Wendet euer Ohr zu Gott und lauscht seinem
Flüstern: Liebt einander in ewiger Liebe.
Wenn nötig, fliegt in den Himmel,
Wo Gabriel für euch kämpfen wird.

La décadence

Si tout demeure tel,
Qui vivra le jour dernier,
Empochera le gain final,
Vaincra la pègre décidée d'étendre,
Partout ses tentacules.
Qui dira enfin halte à cette pieuvre,
Avalant et phagocytant tout sur son passage.

Il faut donc une fin à ce cirque.
Demain, quand vous entendrez,
Retentir cette antienne,
Qui tonnera aussi fort qu'un tonnerre,
En pleine forêt ou dans un enclos,
Avisez-vous,
La fin s'approche et le chaos lentement s'installe

Nous avons trop trainé et voilà,
Que tout contre nous se retourne.
Nous avons façonné nos propres monstres,
Creusé nos propres tombes,
Il ne nous reste plus que d'y aller,
Après s'être fait dévorer,
Vers un Dieu aussi redoutable, aussi rugissant.

Decadence

If everything stays like it is,
Who will live on the last day,
Will hit the jackpot,
Will defeat the underworld that has decided
To extend its tentacles everywhere?
Who will finally stop this octopus
That swallows everything in its way?

That is why this circus must end.
If you hear tomorrow,
How the antiphon sounds,
It will thunder like thunder,
In the middle of the forest or in an enclosure.
Then believe, the end is near
And chaos is slowly setting in.

We have hesitated for too long and now
Everything is turning against us.
We created our own monsters,
Dug our own graves.
All left for us is to go there,
After we have been devoured,
By this flashy, screaming god.

Dekadenz

Wenn alles so bleibt,
Wer wird am letzten Tag leben,
Wird das große Los ziehen,
Wird die Unterwelt besiegen, die entschied,
Ihre Tentakel überall hin auszufahren.
Wer wird dieser Krake endlich Einhalt gebieten,
Die alles verschluckt, was im Weg steht?

Deshalb muss dieser Zirkus ein Ende haben.
Wenn du morgen hörst,
Wie der Antiphon erklingt,
Wird er donnern wie der Donner,
Mitten im Wald oder in einem Gehege.
Dann glaube mir, ist das Ende nah
Und Chaos gewinnt langsam Raum.

Wir haben zu lange gezögert und jetzt
Wendet sich alles gegen uns.
Wir haben unsere eigenen Monster erschaffen,
Unsere eigenen Gräber gegraben.
Alles, was uns noch bleibt, ist, dorthin zu gehen,
Nachdem wir verschlungen wurden,
Von diesem protzigen, schreienden Gott.

Quand viendra l'instant

Je parlerai de vous aux étoiles,
Quand viendra l'instant,
Pour le salut,
Et quand mon cœur lassé de battre,
Décidera d'une virée ou d'un périple,
Un peu court, ou un peu long,
Quand ma mine longtemps décousue,
Soudain, s'illuminera.

Je parlerai de toi comme on parlerait,
D'un vieil ami, d'un soldat oublié,
Avec un cœur badigeonné d'amour,
Je dirai à Dieu d'ouvrir grands ses bras,
Quand vous viendrez vous aussi,
Me rejoindre en ses parvis.

Vous vous couvrirez de pleurs,
En voyant mon âme voltiger,
Marcher sans compter vers le ciel,
Se perdre sur la mer immense,
Ou se hucher sur un piquet.
Je vous le concède, votre amour était vrai,
Mais je vous conjure de ne pas trop creuser votre peine,
Je sais que vous étiez mes braves compagnons,
Et je vous attends ici, là-haut, auprès de Dieu.

When the moment comes

I will tell the stars about you,
When the moment comes,
To say goodbye.
When my tired heart
Decides to go on a journey.
Whether nearer or further away,
My long time weary face,
Will brighten suddenly.

I will tell of you, as of an old friend
Or a scattered soldier,
With a heart flooded with love,
And I will ask God to open his wide arms,
If you too will follow me
To his gates.

Flooded with tears
You will see my soul whirring away,
As it floats boldly towards heaven,
Losing itself on the wide sea
Or bumping against a pole .
I concede that your love was real,
But I implore you to restrain your grief.
I know that you were my brave companions
And I am waiting for you up here with God.

Wenn der Augenblick kommt

Ich werde den Sternen von dir erzählen,
Wenn der Augenblick kommt,
Zum Abschied.
Wenn mein müdes Herz
Sich zu einer Reise entschließt,
Ob näher, oder weiter weg,
Mein lange Zeit ermattetes Antlitz,
Wird sich jäh erhellen.

Ich werde von dir erzählen, wie von einem
Alten Freund oder versprengtem Soldaten,
Mit einem Herzen voller Liebe,
Und ich bitte Gott, seine Arme weit zu öffnen,
Wenn auch ihr mir nachfolgt
Zu seinen Pforten.

Tränenüberströmt
Seht ihr, wie meine Seele wegschwirrt,
Wie sie mutig dem Himmel entgegenschwebt,
Wie sie sich auf dem weiten Meer verliert
Oder sich an einem Pfahle stößt .
Ich gestehe, dass eure Liebe echt war,
Aber ich beschwöre euch, verzagt nicht.
Ich weiß, ihr wart meine tapferen Gefährten,
Und ich warte hier oben bei Gott auf euch.

Puis vint l'automne de nos amours

Le poète, juste là, assis dans son coin, rêvassant,
S'étonne,
Il esquisse un geste et dit : « Que peut-on offrir,
À l'oiseau égaré en pleine tempête,
Cette Afrique qui soudain s'éveille,
Et soudain s'éteint.
À la lune qui éclaire ses nuits,
Au soleil qui l'étale au grand jour,
Met à nu sa puanteur ».

Le poète, encore lui, tourne son regard aux alentours,
Croyant trouver un fils fidèle à sa terre,
Qui ne pille ni ne tue,
Pour lui prédire un destin fait de guerres
Et de trahisons.
Il cherche vainement l'abri
Où pourrait-il se terrer,
Mais n'en trouve point,
Le temps des martyrs est une vieille chimère.

Le poète s'enquit de l'errance des peuples,
Il se retire et clôt son bec,
Prend sa plume, laisse éclater son sanglot,
Décrit les affres d'un monde tumultueux,
Il s'effondre, vidé de son sang.
«Il est mort de sa plus belle mort»,
diriez-vous.
Mais qui sait, s'il sommeille,
Si demain il se relèvera tel un sphinx
Pour égorger le mal,
Qui ne porte plus de masque.

Then came the autumn of our loved ones

The poet, sitting there dreaming in his corner,
Is surprised. He gestures and says:
"What can we offer to the lost bird
In the middle of the storm,
To this Africa that suddenly awakens
And suddenly disappears again?
To the moon that illuminates its nights,
To the sun that blinds it with bright days
And exposes its stench".

The poet turns his gaze into the distant
And believes to will find a faithful son
For his country, who neither plunders nor kills,
To predict a fate made up of wars
And betrayals.
He searches in vain for a place
Where he could hide,
But cannot find any.
The time of the martyrs is an ancient chimera.

The poet askes about people's wrong paths.
He retires and holds his mouth,
Takes up his pen and falls into sobs,
Describes the torment of a turbulent world,
He collapses, his blood dried up.
"He died his best death".
One would say.
But who knows whether he does not sleep,
Whether he will rise tomorrow like a sphinx,
To slaughter the evil
That no longer wears a mask.

Dann kam der Herbst unserer Lieben

Der Dichter, träumend dort in seiner Ecke,
Ist überrascht. Er gestikuliert und sagt:
„Was können wir dem verlorenen Vogel
Inmitten des Sturmes anbieten,
Diesem Afrika, das plötzlich erwacht
Und plötzlich wieder verschwindet?
Dem Mond, der seine Nächte erleuchtet,
Der Sonne, die ihn mit hellem Tage blendet,
Und seinen Gestank preisgibt".

Der Dichter lässt seinen Blick schweifen,
Im Glauben, einen treuen Sohn für sein Land zu
finden, der weder plündert noch tötet,
Um ein Schicksal zu künden, das aus Kriegen
Und Verrat besteht.
Er sucht vergeblich nach einem Ort,
Wo er sich verstecken könnte,
Findet aber keinen.
Die Zeit der Märtyrer ist eine alte Chimäre.

Der Poet fragt nach den Irrwegen der Leute.
Er zieht sich zurück und hält seinen Mund,
Nimmt seine Feder, und verfällt in Schluchzen,
Beschreibt die Qualen einer turbulenten Welt,
Er bricht zusammen, sein Blut, vertrocknet.
„Er ist seinen besten Tod gestorben".
Würde man sagen.
Aber wer weiß, ob er nicht schläft,
Oder morgen wie eine Sphinx aufsteht,
Um das Böse zu schächten,
Das keine Maske mehr trägt.

Je reviendrai

Quand tout sera repris,
Le feu éteint, je reviendrai,
Galopant, fièrement entiché,
La main habile, âme émoustillée,
Car il nous faut rebâtir ce temple hérité,
Qui ne ressemble plus à rien,
Si ce n'est à un tas d'immondices pullulant çà et là.

Je reviendrai pour la noble besogne,
Élever avec vous cette nation prospère,
Et on se demandera :
Que sont-ils devenus ces anthropokaies,
Qui infligèrent au peuple peine sur peine,
Fléau après fléau,

Voyez ô combien tout s'effondre,
Et rien ne résiste à l'ouragan,
Quand il choisit son jour.

Voyez ô combien les damnés aiment pavaner,
Sans savoir qu'un jour,
Tout sera balayé par ce vent meurtrier,
Et les corps transis de froid crieront pénitence.

I will return

When all is well again
And the fire is extinguished, I will return,
Galloping and ardently proud,
With skilful hands and an excited soul,
We must rebuild this inherited temple.
That resembles nothing,
But a heap of rubbish overflowing everywhere.

I will return, for the noble mission,
To build this prosperous nation with you,
And you will ask yourselves:
What has become of these scoundrels
Who inflicted sorrow upon sorrow,
Plague upon plague on the people?

See how everything collapses
And nothing can withstand the hurricane,
When it starts its disaster.

Watch the damned strutting about,
Not knowing that one day this murderous wind
Will sweep everything away
And the frosty bodies will cry out for penitence.

Ich kehre zurück

Wenn alles wieder in Ordnung ist
Und das Feuer erloschen, kehre ich zurück,
Im Galopp und stolzem Gehabe,
Mit geschickter Hand und erregter Seele,
Wir müssen diesen ererbten Tempel wieder
aufbauen, der an nichts mehr erinnert,
Außer an einen Haufen Müll, der überall
überbordet.

Ich werde zurückkehren, für die edle Mission,
Mit euch diese wohlhabende Nation zu errichten,
Und man wird sich fragen:
Was ist aus diesen Leuteschindern geworden,
Die dem Volk Kummer über Kummer,
Plage über Plage zufügten?

Siehe, wie alles zusammenbricht
Und nichts dem Orkan widersteht,
Wenn er sein Unheil bringt.

Seht, wie die Elenden herumstolzieren,
Ohne zu wissen, dass dieser mörderische Wind
Eines Tages alles dahinrafft
Und die frostigen Körper nach Buße schreien.

Je vois et je comprends

Je vois et je comprends,
Je vois et je m'engage,
Sur l'étroite voie qu'arrose le sang,
De tant d'âmes sacrifiées.

Je lève ma tête en signe de révérence,
Dieu me voit cachant mon impiété,
Cette haine vorace qui m'enchaine,
Cette colère trop lourde à porter et qui m'avachit
Ce souvenir indolent que je coltine,
Tel un talisman mal ajusté.

Je vois et j'entends sonner cette cloche,
Qui m'indique la fin
D'un monde vieilli depuis,
Un monde imprévisible,
Où chacun y va de son hâblerie,
Un monde truffé de facéties,
Où le faux abonde et le vrai recule.

Je vois et je romps la corde,
Qui m'attachait jadis à ce peuple,
Qui n'est plus que l'ombre de lui-même.

I watch and I understand

I watch and I understand,
I watch and I enter
The narrow path drenched in the blood
Of so many sacrificed souls.

I lift my head in reverence,
God sees me hiding my ungodliness,
This greedy hatred that binds me,
This unbearable anger that tires me,
This lazy memory that I carry around with me
Like a poorly draped talisman.

I watch and hear the bell ringing,
Showing me the end
Of an aged world,
An unpredictable world,
Where everyone does his own thing,
A world full of burlesque,
Where falsehood wins and truth perishes.

I watch and tear the rope,
That once connected me with this people,
Which is now just a shadow of its former self.

Ich sehe und ich verstehe

Ich sehe und ich verstehe,
Ich sehe und ich betrete
Den schmalen Weg, den das Blut
So vieler geopferter Seelen tränkt.

Ich erhebe mein Haupt in Ehrfurcht,
Gott sieht, wie ich meine Gottlosigkeit verstecke,
Diesen gierigen Hass, der mich fesselt,
Diesen unerträglichen Zorn, der mich ermüdet,
Diese träge Erinnerung, die ich wie einen
schlecht drapierten Talisman herumschleppe.

Ich sehe und höre die Glocke läuten,
Die mir das Ende
Einer gealterten Welt anzeigt,
Einer unberechenbaren Welt,
Wo jeder sein eigenes Süppchen kocht,
Einer Welt, voller Possen,
Wo das Falsche gewinnt und das Wahre stirbt.

Ich sehe und zerreiße das Seil,
Das mich einst mit diesem Volk verband,
Das jetzt nur noch ein Schatten seiner selbst ist.

Le temps du chaos

Voici que les flots se dressent,
Et que l'horizon lentement s'assombrit,
Et les vagues en férule, de partout progressent,
Dansent, sautillent et gambadent, lentement.

Voici que la vie sur la corde effilée,
Joue sa dernière partition,
La vieillesse d'un revers balaie le rêve,
Et pour ne point vivre pareil sort,
La jeunesse s'élance à corps perdu,
Vers un destin boueux.

Voici qu'une poignée d'indécrottables persistent,
À ruiner le peu d'espérance en nous,
Tiennent des conciliabules qui ne mènent à rien.
Sombrent dignement,
S'enfoncent davantage vers les abîmes sans fond.

Voici que plus aucun soleil ne brille,
Sur nos crânes chauves,
Et que l'horizon s'éloignant sourdement,
Emporte le peu d'estime tapis en nous.
Voici que la paix fait les siennes,
Là où la bêtise a triomphé.

The time of chaos

The waves are rising,
The horizon is slowly darkening,
And the waves are everywhere on the rise,
Dancing, bouncing and slowly tumbling.

Life plays its last score,
On a thin rope.
Age, for its part, sweeps the dreams aside.
Not to end up like this,
Youth dashes,
Into a muddy fate.

A handful of die-hards hold on,
To ruin the little hope in us,
Lost in banalities leading to nowhere.
They drown in dignity,
Sinking deeper and deeper into the bottomless
abyss.

Look, the sun no longer shines
On our bald skulls
The horizon recedes dully, and takes away
The little estimation that is with us.
Look, peace is celebrating
Where stupidity once reigned.

Die Zeit des Chaos

Die Wellen erheben sich,
Der Horizont verdunkelt sich langsam,
Und die Wellen sind überall,
Tanzen, hüpfen und tummeln sich langsam.

Das Leben spielt seine letzte Partitur,
Auf einem dünnen Seil.
Das Alter seinerseits fegt die Träume weg.
Um nicht so zu enden,
Stürzt sich die Jugend,
In ein schlammiges Schicksal.

Eine Handvoll Unentwegter bleibt hartnäckig,
Und ruiniert das bisschen Hoffnung in uns,
Verloren in Banalitäten, die zu nichts führen.
Sie gehen würdig unter,
Und sinken immer tiefer in den bodenlosen
Abgrund.

Sieh' da, keine Sonne scheint mehr
Auf unsere kahlen Schädel.
Der Horizont entfernt sich dumpf, und nimmt
Das bisschen Achtung in uns mit sich.
Sieh' da, der Friede feiert,
Wo einst Dummheit regierte.

Le poète, cet être vomi que l'on applaudira

Le poète élance partout ses flèches,
Que nul perfide ne perçoit,
S'avance d'un pas assuré,
S'incline, rend hommage,
Sa volonté inextinguible infatue le monde,
Il consacre son art à l'indigent, forge un destin,
Taille l'arche, bâtit le temple.

Le poète, c'est aussi ce fou heureux de sa folie,
Qui n'a nulle part où aller,
Si ce n'est inonder vos portiques,
S'atteler à épurer querelles et vanités,
Qui trop souvent écorchent notre désir d'aimer.

Le poète se blottit dans ses mots,
Dans l'éloquence qui éclaire son propos.
Il s'adresse au peuple,
Se lève tel un martyr et déclare :
« Si le roi marche sur les lois
Que fera le peuple ?
S'il dit et jamais ne fait
Que peut le citoyen ?
Quand les modèles sombrent, les flambeaux s'éteignent,
Et la vertu s'envole,
Le chaos s'installe durablement,
Et si rien ne se fait, plus rien ne tiendra :
Le désir d'être au monde flétrira,
À raison de peines subies.»

The poet, this vomited creature who is praised

The poet shoots his arrows everywhere,
Which no malicious man comprehends,
Walks with an assertive step,
Bows, pays homage,
His inextinguishable will bewitches the world,
He dedicates his art to the needy,
Forges destiny, designs the ark,
Builds the temple.

The poet is also infatuated with his own folly,
Not capable of doing anything else
Than flood your Stoa,
To purge strife and vanity,
Which all too often destroy our longing for love.

The poet hides in his words,
His eloquence illuminates his cause.
He addresses the people,
Rises like a martyr and says:
"If the king breaks the laws,
What will the people do?
If he always talks and never does anything
What can the citizen do?
When the idols perish, the torches expire,
And virtue flies away,
Then permanent chaos ensues.
If nothing happens, nothing will last.
The desire to be in the world
Will wither through suffered pain."

Der Dichter, dieses ausgekotzte Wesen, das man lobt

Der Dichter schießt seine Pfeile überall hin,
Was kein Arglistiger durchschaut,
Geht mit sicherem Schritt,
Verbeugt sich, huldigt,
Sein unauslöschlicher Wille betört die Welt,
Er widmet seine Kunst dem Bedürftigen,
Schmiedet das Schicksal, designt die Arche,
Baut den Tempel.

Der Dichter ist auch vernarrt
In seine eigene Torheit und kann nichts anderes
Als deine Stoa zu fluten,
Um Streit und Eitelkeiten zu bereinigen,
Die allzu oft unsere Liebessehnsucht trüben.

Der Dichter verkriecht sich in seine Worte,
Seine Beredsamkeit, erhellt sein Anliegen..
Er wendet sich an das Volk,
Erhebt sich wie ein Märtyrer und sagt:
„Wenn der König die Gesetze bricht,
Was wird das Volk tun?
Wenn er immer redet und nie etwas tut
Was kann der Bürger tun?
Wenn die Vorbilder sterben,
Die Fackeln ausgehen, und die Tugend verfliegt,
Dann entsteht dauerhaft Chaos.
Wenn nichts geschieht, wird nichts mehr dauern.
Der Wunsch, auf der Welt zu sein,
Wird durch erlittenen Schmerz verwelken."

Nous sommes des tombes

Nous sommes des tombes,
Des tombes meublées d'innocence,
Des voies qui jadis projetaient la vie,
Des enfants aux rêves étranglés,
Nous sommes ceux que l'amour a trahis,
Sans triomphe.

Bourrique, moi j'ai aimé la vie,
Je l'ai prise pour un présent,
Mais maintenant qu'elle me glisse entre les doigts dégourdis,
Je frémis, balance nonchalamment le pas,
Chahuté par l'angoisse,
Je persévère pour ne rien céder à la haine.

Nous sommes de ceux que l'hivernage a glacés,
Et on se demande si l'estivage nous portera secours,
Car le menu est beaucoup trop salé.

Nous sommes tout un monde,
Toute une légion de gens désabusés.
Las, nous scrutons l'horizon,
Espérant qu'un quelconque bonheur émerge,
Que ce chagrin mortel nous lâche enfin.

Nous sommes l'Afrique qui glousse,
L'Europe qui bouillonne,
Nous sommes l'Asie qui monte,
L'Amérique qui va dispersée,
Nous sommes l'Océanie
Qui se réjouit de ce qu'on l'oublie

We are graves

We are graves,
Graves full of innocence,
Paths that once projected lives,
Children with suffocated dreams.
We are the ones love has betrayed.
Without triumph.

I am a donkey, who loved life.
I accepted it as a gift,
But now that it slips slyly through my fingers,
I shudder, casually balancing my pace.
Plagued by fear,
I insist not to give in to hate.

We are among those whom winter froze,
And wonder if summer will save us,
As the choice tastes far too salty.

We are a whole world,
A legion of disillusioned people.
Wearily we look at the horizon,
Hoping that some happiness will appear,
And this deadly grief will finally let us go.

We are Africa that laughs,
Europe that boils,
We are Asia that emerges,
America that dissolves,
We are Oceania
That rejoices in being forgotten

Wir sind Gräber

Wir sind Gräber,
Gräber voller Unschuld,
Wege, die einst Leben planten,
Kinder mit erstickten Träumen.
Wir sind diejenigen, die die Liebe verraten hat.
Ohne Triumph.

Ich bin ein Esel, der das Leben liebte.
Ich habe es als Geschenk angenommen,
Aber jetzt, wo es schlau durch die Finger rutscht,
Schaudere ich und führe lässig meinen Schritt.
Von Angst geplagt,
Beharre ich darauf, dem Hass nicht zu weichen.

Wir gehören zu denen, die der Winter einfror,
Und fragen uns, ob uns der Sommer rettet,
Denn die Auswahl schmeckt viel zu salzig.

Wir sind eine ganze Welt,
Eine Legion desillusionierter Menschen.
Müde blicken wir auf den Horizont,
In der Hoffnung, dass etwas Glück auftaucht,
Und dieser tödliche Kummer endlich weicht.

Wir sind Afrika, das lacht,
Europa, das kocht,
Wir sind Asien, das sich erhebt,
Amerika, das sich auflöst,
Wir sind Ozeanien,
Das sich freut, vergessen zu werden

S'il m'était donné d'être un poète

S'il m'était donné d'être un poète,
Je m'en irai, là où personne ne me verra,
Là où personne ne m'attend,
Sur la montagne isolée ou dans la vallée profonde,
Très loin, dans des grottes antiques,
Méditant sur tout, sans la moindre inquiétude,
Car le poète est un homme seul,
Qui dans sa folie dit les oracles,
Ceux qui l'aiment, l'emplissent de frêles baisers.
Et ceux qui le haïssent supportent à peine
Son rire narquois,
Il est un moine peu commode,
Un ange au rire saccadé,
Que l'on déchoit de peur que la volupté,
L'emporte sur les saintes apparences.

Le poète comme une nasse,
Ramène bien des cœurs à la raison,
Son bistouri pénètre plus profondément,
Mais ne laisse aucune trace,
C'est le mot placé à l'endroit et au bon moment,
C'est ce qu'il faut dire au peuple,
En toute éloquence ou en toute brusquerie.

Le poète n'a que faire des hommages,
Il doit soigner,
Et il soigne.
Sa muse l'enivre, le possède littéralement,
Et le voilà en transe.
Il sonne avec verve,
La trompette de l'éternel salut,
Des cœurs brisés l'entourent,
Pour écouter sa mélodie et se rafraichir.

If it were given to me to be a poet

If it were given to me to be a poet,
I would go where no one sees me,
Where no one expects me,
Up to lonely mountains or into the deep valley,
Far away, to ancient caves,
To meditate on anything, undisturbed.
Because the poet is lonely
And speaks in oracles, as if in a daze.
Those who love him drown him in tender kisses.
And those who hate him
Cannot bear his mocking laughter.
He is a clumsy monk,
An angel with staccato laughter,
Who we are addicted to.
This lust could canonize him.

Like a fish trap the poet brings
Many hearts to terms.
His scalpel penetrates deeper,
But leaves no trace.
It is the word, in the right place at the right time.
It is what needs to be told to people.
In all eloquence or harshness.

The poet refrains from paying homage,
He has to heal
And he heals.
His muse bewitches him, she literally owns him,
And now he is in a trance.
Full of verve he plays
The trumpet of eternal salvation.
Repentant hearts surround him,
To listen to its melody and to refresh.

Wenn es mir gegeben wäre, Dichter zu sein

Wenn es mir gegeben wäre, Dichter zu sein,
Ginge ich dahin, wo mich niemand sieht,
Wo mich niemand erwartet,
Auf einsame Berge oder ins tiefe Tal,
Ganz weit weg, in uralte Höhlen,
Um ungestört über alles zu meditieren,
Denn einsam ist der Dichter
Und spricht wie betäubt er in Orakeln.
Die, die ihn lieben, laben ihn mit zarten Küssen.
Und die, die ihn hassen,
Ertragen sein spöttisches Lachen nicht.
Er ist ein unbeholfener Mönch,
Ein Engel mit staccato im Lachen,
Dem wir verfallen sind.
Diese Wollust könnte ihn fast heilig sprechen.

Wie eine Reuse bringt der Dichter
Viele Herzen zur Vernunft.
Sein Skalpell dringt tiefer ein,
Hinterlässt aber keine Spuren.
Ein Wort, zur richtigen Zeit, am richtigen Ort.
Das, was den Menschen gesagt werden muss.
In aller Beredsamkeit oder Schroffheit.

Der Dichter verzichtet auf Huldigungen,
Er muss heilen,
Und er heilt.
Seine Muse becirct ihn, besitzt ihn buchstäblich,
Und schon ist er in Trance.
Beschwingt lässt er
Die Trompete des ewigen Heils erklingen.
Reuige Herzen umgeben ihn,
Um ihrer Melodie zu lauschen und sich zu laben.

À l'homme vaillant

À l'homme vaillant, l'inhérente récompense,
Il va d'un lieu conquis vers la broussaille,
Puissent sa vie, son audace et son insouciance,
Etreindre bien des cœurs,
Puisse sa quête de liberté,
Drainer bien des foules,
Puisse son âme demeurer pareille.

Comme tout rêve, le sien débute,
Et ne sait quand s'arrêter.
Il est quelque peu fragile,
Dieu le sait,
Il est à lui seul un trésor pour l'humanité,
Il croit en la bonté des hommes,
En dépit de leur ruse de toujours,
Tend la main, redonne une seconde chance.
Il se lève et s'en va combattre pour la patrie,
Ramène la paix.

C'est un guerrier qui jamais ne s'annonce,
Il vêt la nuit de son éclat,
C'est un tison qui s'enflamme
pour éloigner les ténèbres,
Un frère qui chante pour les autres.

To the brave man

Inherent reward for the brave man,
Walking from the conquered place to the bush.
May his life, his boldness and carelessness
Conquer many hearts.
May his pursuit of freedom
Move the crowd.
May his soul remain the same.

Like every dream, also his own begins
And does not know when it ends.
He is fragile.
God knows.
As a unique treasure for humanity
He believes in the goodness of people,
Despite their constant cunning,
He holds out his hand for a second chance.
He stands up and fights for the fatherland,
And brings peace.

A warrior who never reveals himself.
He dresses the night with his splendour
A blaze that shines
To expel darkness.
A brother who sings for the others.

An den tapferen Mann

Inhärente Belohnung für den tapferen Mann
Am Weg von der Eroberung in den Busch.
Möge sein Leben, seine Kühnheit und
Sorglosigkeit viele Herzen erreichen.
Möge sein Streben nach Freiheit
Massen bewegen.
Möge seine Seele dieselbe bleiben.

Wie jeder Traum beginnt auch seiner
Und weiß nicht, wann er zu Ende ist.
Zerbrechlich ist er.
Gott weiß es.
Als einzigartiger Schatz der Menschheit,
Glaubt er an die Güte der Menschen,
Trotz ihrer steten Finten,
Streckt er seine Hand aus, für eine zweite
Chance. Er steht auf und kämpft für das
Vaterland, und bringt Frieden.

Ein Krieger, der sich niemals ankündigt.
Er kleidet die Nacht mit seiner Pracht.
Eine Glut, die leuchtet,
Um die Finsternis zu vertreiben.
Ein Bruder, der für die Anderen singt.

Tu apprendras mon enfant

Tu apprendras mon enfant,
Que tout le reste n'est que silence,
Que la vie est un amas de rêves inachevés.

Tu apprendras mon enfant,
Qu'un ennemi qui te tire en face,
Vaut mieux qu'un ami qui le fera dans ton dos

Tu apprendras que l'exil est au bout de l'orteil,
De celui qui guerroie peu mais mieux,
Que ton pays marche avec toi,
Dans ton cœur ou dans ton regard.
Tu l'emmènes partout où tu vas,
Apaiser ta soif.

Tu apprendras qu'il y a d'un côté la nuit,
Et de l'autre le jour,
Mais leur sort demeure pareil,
On oublie l'un quand l'autre apparait,
Depuis des lustres.
Tu livreras bataille
Et ton esprit délié te sauvera.

Tu apprendras que moi, ton père,
Je n'ai rien contre le talent,
Il faut le polir, il faut l'aiguiser,
Il faut le mettre au service de l'humanité.

Tu apprendras que l'amour est un vaste champ,
Où chacun sème les graines de son choix,
Et qu'au jour de la récolte,
Le mauvais semeur jalouse les autres.

Tu apprendras que c'est ainsi,
Le jeune maqué s'impatiente,
Il veut célébrer ce jour,
Goûter tendrement à ces lèvres,
Qui l'envoutent depuis.

You will learn, my child

You will learn, my child,
That everything else is silence,
That life is a box of dead dreams.

You will learn, my child,
That an enemy who shoots you in the face
Is better than a friend who slams you in the
back.

You will learn that exile lies at the tip of those
Who fight little but better.
May your country go with you,
In your heart or in your gaze.
Take it with you wherever you go
To quench your thirst.

You will learn that there is night on one side
And day on the other.
Their fate, however, remains the same.
The one is forgotten when the other one
appears,
It has been like this for eons.
You will fight
And your free spirit will save you.

You will learn that me, your father,
Favours talent.
It must be polished, it must be sharpened,
It must be put at the service of humanity.

You will learn that love is a wide field
In which everyone sows the seeds of his choice,
And that on the day of harvest
The bad sower is jealous of the others.

You will learn that it is like that.
A greenhorn becomes impatient.
He wants to celebrate the day,
Tenderly tasting his lips,
Fascinating him ever since.

Du wirst lernen, mein Kind

Du wirst lernen, mein Kind,
Dass alles andere Stille ist,
Dass das Leben eine Kiste toter Träume ist.

Du wirst lernen, mein Kind,
Dass ein Feind, der dir ins Gesicht schießt,
Besser ist als ein Freund, der dir an den Rücken
geht.

Du wirst lernen, dass das Exil bei denen liegt,
Die wenig, aber besser kämpfen.
Möge dein Land mit dir gehen,
In deinem Herzen oder in deinem Blick.
Nimm es überall mit, wohin du auch gehst,
Um deinen Durst zu stillen.

Du wirst lernen, dass es auf der einen Seite
Nacht und auf der anderen Seite Tag gibt,
Aber ihr Schicksal bleibt dasselbe.
Die eine wird vergessen, wenn der andere
erscheint.
Seit Äonen ist das so.
Du wirst kämpfen,
Und dein freier Geist wird dich retten.

Du wirst lernen, dass ich, dein Vater,
Nichts gegen Talent habe.
Es muss poliert und geschärft werden,
Es muss der Menschheit dienlich sein.

Du wirst lernen, dass Liebe ein weites Feld ist,
Auf dem jeder die Samen seiner Wahl sät,
Und dass am Tag der Ernte
Der schlechte Sämann den anderen beneidet.

Du wirst lernen, dass es so ist.
Ein Greenhorn wird ungeduldig.
Es möchte den Tag feiern,
Zärtlich dessen Lippen kosten,
Die ihn seitdem faszinieren.

Rien ne sert d'être un puissant

Pauvres mortels,
Qui désirez tant et désirez pareil,
Vous qui vous leviez jadis le cœur asséché,
Le teint pâli par la mort qui rôde,
N'avez-vous pas compris que tout coule,
Et tout chancelle,
Que sitôt apparaît la fleur
Que déjà elle flétrit,
Qu'elle fane aussi.

N'avez-vous pas vu,
Que le vent balaie partout,
Et l'ivraie et le bon grain.
N'avez-vous pas appris qu'au moindre mouvement,
Le trône du roi vacille,
Et que les princes se l'arrachent,
Que des villes d'autrefois,
Bâties pour durer
Se sont du jour au lendemain écroulées,
Car aucune muraille ne tient sempiternellement,
Un jour elle s'incline,
Et un autre elle s'effondre.

L'homme seul ne peut rien,
Il faut des bras pour soutenir son œuvre.
Malheur aux puissants,
Qui croyez dompter la mort, cette faucheuse.

Quand la bourrasque soudain s'abattra sur la ville,
Nous fermerons nos portes,
Où fuiront-ils donc ?

There no use being powerful

Poor mortals,
You who demand so much and desire the same,
You who once stood up with dry hearts,
Your faces pale from rampant death.
Did you not understand that
Everything is perishing and swaying,
That as soon as the flower appears,
It already perishes
And withers.

Have you not seen
That the wind blows everywhere,
Both weeds and wheat?
Have you not learned
That the king's throne
Shakes at the slightest movement
And the princes seize it.
That cities of yesterday,
Built for eternity, collapse overnight,
Because no wall stands forever and ever.
One day it falls over,
And the next day it collapses.

Man alone can do nothing,
He needs helping hands to accomplish his work.
Woe to the mighty,
Who believe they can tame Reaper Death.

When the storm suddenly hits the city
And we will close our doors,
Where will they flee to?

Es nützt nichts, mächtig zu sein

Arme Sterbliche,
Die ihr so viel verlangt und das Gleiche begehrt,
Ihr, die ihr einst mit dürren Herzen aufgestanden,
Eure Gesichter erblasst vom grassierenden Tod.
Habt ihr nicht verstanden,
Dass alles untergeht und alles schwankt,
Dass, sobald die Blume erscheint,
Sie schon vergeht
Und verdorrt.

Habt ihr nicht gesehen,
Dass der Wind überall weht,
Sowohl Unkraut als auch Weizen?
Habt ihr nicht gelernt,
Dass des Königs Thron bei der kleinsten
Bewegung ins Wanken gerät
Und die Prinzen ihn an sich reißen.
Dass Städte von gestern,
Für die Ewigkeit gebaut, über Nacht einstürzen,
Da keine Mauer immer und ewig steht.
Eines Tages kippt sie,
Und den Tag darauf stürzt sie ein.

Der Mensch allein kann nichts tun,
Er braucht helfende Hände, seine Arbeit zu tun.
Wehe den Mächtigen,
Die glauben, sie könnten Schnitter Tod zähmen.

Wenn der Sturm plötzlich über die Stadt kommt
Und wir unsere Türen schließen,
Wohin werden sie fliehen?

C'est ici que tout repose

Ci-gît l'espoir d'un peuple longtemps enchaîné,
D'une jeunesse amputée d'esprit,
Qui voit sans voir,
D'une nation qui descend droit vers l'abîme.

Trop de fardeaux à porter,
Et à peine le seuil franchi,
Que déjà nous tirons la langue.

Ci-gît l'Afrique, ce beau berceau,
Qui devient le lit des vautours,
Dépeçant sans compter sa chair.

Voici qu'elle sort enfin de sa tanière,
Et qu'elle crie son mal à tue-tête,
Cette Mère qui nous a tout donné,
Que le cœur des méchants est troublé.

Ci-gît la vie, le monde et le pouvoir,
Le destin labile d'une jeunesse sacrifiée,
Et cette vieille facétie, la paix.

Ci-gît la colombe qu'envoya le pacifiste
aux belligérants
Qui l'arrosèrent de balles,
Promptement, ils la prirent pour une espionne.

Ci-gît la nuit enrobée d'étoiles flasques,
Que le deuil sans forcer assombrit.

Everything rests here

Here rests the hope of a long-tormented people,
Of a youth with an amputated spirit,
That looks without seeing.
A nation diving straight into the abyss.

Too many burdens to carry,
Barely crossing the threshold,
We show our tongues already.

Here rests Africa, this beautiful cradle.
It becomes a field of vultures
Who chop up its flesh without mercy.

Now the country finally reveals itself,
Shouting out evil loudly.
This mother, who gave us everything.
How troubled the hearts of the wicked are.

Here rests life, the world and the power,
The unstable fate of a sacrificed youth
And that old joke: peace.

The dove that the pacifist
Sent to the belligerents rests here.
They showered it with bullets
As they immediately thought it was a spy.

Here the night rests, shrouded in limp stars,
Gently darkened by grief.

Hier ruht alles

Hier ruht die Hoffnung eines lange gepeinigten
Volkes, einer Jugend, mit amputiertem Geist,
Die schaut, ohne zu sehen.
Einer Nation, die direkt in den Abgrund abtaucht.

Zu viele Lasten zu tragen,
Kaum die Schwelle überschritten,
Zeigen wir schon unsere Zunge.

Hier ruht Afrika, diese wunderschöne Wiege.
Sie wird zum Feld der Geier
Die ihr Fleisch ohne Gnade zerhacken.

Jetzt entpuppt sich das Land endlich,
Und schreit lauthals das Böse heraus.
Diese Mutter, die uns alles gegeben hat.
Wie beunruhigt doch die Herzen der Bösen sind.

Hier ruht das Leben, die Welt und die Macht,
Das labile Schicksal einer geopferten Jugend
Und dieser alte Witz: der Frieden.

Hier ruht die Taube, die der Pazifist
Zu den Kriegführenden schickte.
Sie überschütteten sie mit Kugeln,
Da sie sie sofort für eine Spionin hielten.

Hier ruht die Nacht, eigehüllt in schlaffe Sterne,
Von Trauer sanft verfinstert.

Sois ce feu

Sois la flamme qui réchauffe,
La source qui arrose la vie,
Sois ce feu brûlant qui rehausse l'envie,
Dans le cœur endolori d'une amante délaissée
Sois ce prince qui vit pour sa cavalière,
En l'aimant le jour, la nuit,
Et tout le temps que Dieu fait.

Sois humain et rien de plus,
Sois celui qui sait tendre l'oreille
Et qui sait panser
Les plus purulentes plaies.

Sois ce guide imparfait,
Qui tombe, se relève et progresse.
Sois celui qui jamais ne s'abstrait,
Pour penser au mal.

Sois dieu sur terre,
L'épée rangée dans ton fourreau,
La main habile pour l'en tirer.
Les batailles s'imposent à nous,
Jamais elles ne se décrètent.

Be that fire

Be the flame that warms.
The spring that waters life.
Be that burning fire that creates desire,
In the wounded heart of an abandoned lover.
Be that prince who lives for his lady,
Loving her day and night,
And whenever God does so.

Be human and nothing more,
Be the one who knows how to listen
And who knows how to
Heal the worst wounds.

Be that imperfect leader,
Who falls, gets up and moves on.
Be the one who never abstracts himself
To think of the evil.

Be God on earth,
The sword in your sheath
And skilful enough to pull it out.
Battles are forced upon us,
They are never decreted.

Sei dieses Feuer

Sei die Flamme, die wärmt.
Die Quelle, die das Leben tränkt.
Sei dieses brennende Feuer, das Lust erzeugt,
Im gekränkten Herzen eines verlassenen
Liebhabers. Sei dieser Prinz, der für
Seine Dame lebt, und sie Tag und Nacht liebt,
Und wann immer, Gott dies tut.

Sei menschlich und nichts weiter,
Sei derjenige, der zuzuhören weiß
Und der weiß, wie man
Die schlimmsten Wunden heilt.

Sei dieser unvollkommene Führer,
Der fällt, aufsteht und weitergeht.
Sei derjenige, der sich niemals abstrahiert,
Um an das Böse zu denken.

Sei Gott auf Erden,
Das Schwert in deiner Scheide,
Und geschickt genug, um es herauszuziehen.
Schlachten werden uns aufgezwungen,
Sie werden niemals angeordnet.

Souvenance

Je me souviens de jour comme de nuit,
Je me souviens de ces chemins labyrinthiques,
Où la mort nous riait au nez.

Je me souviens de l'ambiance,
Tant la musique fut morne,
Le cri toujours haut,
Le bruit toujours incessant.

Je me souviens de jour comme de nuit,
D'une vanité, bien trop vieille, bien trop crasseuse,
Qui nous passionnait tant :
Être un homme de foule,
Pour être reconnu par un de ces soudards,
Décidés à faire mal à l'humanité.

Je me souviens de ces enfants,
Ces êtres innocents,
Massacrés pour un faciès hérité du paternel.

Je me souviens du sifflement des balles,
Du claquement des machettes,
Du cri strident de la femme violée.

Memory

I remember day and night,
I remember labyrinthine paths,
Where death laughed onto our faces.

I remember the atmosphere,
The music so boring,
The scream always loud,
The noise always incessant.

Day and night I remember
A vanity that is far too old, far too dirty.
What fascinated us so much:
To be a man of the crowd,
To be recognized by one of these thugs,
Determined to harm humanity.

I remember those children,
These innocent beings
Massacred because of their inherited features.

I remember the whistle of the bullets,
The clicking of machetes,
She shrill scream of the raped woman.

Erinnerung

Ich erinnere mich an Tag und Nacht,
Ich erinnere mich an labyrinthische Pfade,
Wo der Tod uns ins Gesicht lachte.

Ich erinnere mich an die Atmosphäre,
Die langweilige Musik,
Die lauten Schreie,
Den unaufhörlichen Lärm.

Ich erinnere mich Tag und Nacht
An eine viel zu alte, zu schmutzige Eitelkeit.
Was uns so faszinierte:
Ein Mann des Volkes zu sein,
Um von einem dieser Schläger erkannt zu
werden,
Entschlossen, der Menschheit zu schaden.

Ich erinnere mich an diese Kinder,
Diese unschuldigen Wesen,
Massakriert wegen ihrer ererbten Gesichtszüge.

Ich erinnere mich an das Pfeifen der Kugeln,
An das Klicken der Macheten,
An den schrillen Schrei der vergewaltigten Frau.

Entre bien et mal

Entre bien et mal, se cache un gouffre,
Un gouffre immense, une profonde caverne,
Un abîme sans fin, un destin retors,
Un vacarme bien trop sourd, bien trop lourd,
Une avanie, une avalanche, la haine en bandoulière.

Entre bien et mal un vent se cabre,
Un vent perfide, brimant la raison.
On lève la tête et on se demande:
De quel côté pencher,
Pour échapper aux jours sombres,
Qui prestement mugissent.

«Il faut prendre le temps d'aimer», dit le sage,
«D'aimer malgré tout et d'aimer encore»,
D'aimer autant celui qui vous rend misérable,
Que celui qui vous dédie ses plus belles prières,
D'aimer le calvaire, d'aimer le silence.

Entre bien et mal, deux mots s'invitent,
Le désir d'être au monde,
Et le silence funeste de dire adieu à tout.

Between good and evil

There is an abyss between good and evil,
A huge abyss, a deep cave,
An endless gorge, a twisted fate,
A noise far too dull, far too heavy,
An insult, an avalanche and shouldered hatred.

Between good and evil a wind rises,
An insidious wind that suppresses reason.
We raise our heads and ask ourselves:
Which direction should we go to,
To escape the dark days,
That rise too quickly?

"You must take the time to love," says the wise
man, "to love and love again in spite of
everything",
To rather love the one who makes you unhappy,
Than the one who devotes his holiest prayers to
you,
To love suffering and silence.

Between good and evil two words appear:
The desire to be in the world,
And the unfortunate silence to say goodbye to
all.

Zwischen Gut und Böse

Zwischen Gut und Böse liegt ein Abgrund,
Ein riesiger Abgrund, eine tiefe Höhle,
Ein endloser Abgrund, ein verdrehtes Schicksal,
Ein viel zu dumpfer, viel zu schwerer Lärm,
Eine Kränkung, eine Lawine, der Hass bei Fuß.

Zwischen Gut und Böse erhebt sich ein Wind,
Ein heimtückischer Wind, der die Vernunft
unterdrückt. Wir heben den Kopf und fragen uns:
In welche Richtung sollen wir gehen,
Um den dunklen Tagen zu entfliehen,
Die sich flink erheben?

„Du musst dir die Zeit nehmen zu lieben", sagt
der Weise, „um trotz allem zu lieben und wieder
zu lieben",
Um eher den zu lieben, der dich unglücklich
macht, als den, der dir seine schönsten Gebete
widmet,
Die Leiden und die Stille predigen.

Zwischen Gut und Böse tauchen zwei Worte auf:
Der Wunsch, auf der Welt zu sein,
Und die unselige Stille, allem Lebewohl zu
sagen.

Au désert

Seuls face au vent,
Ils pensent au chemin parcouru,
À la famille laissée choir.
Ils pensent aux bénédictions d'une mère,
Terrassée par l'enjeu,
Et au conseil d'un père
Qui tient tête aux larmes qui montent.
Ils pensent à l'Afrique, cette mère rendue inerte,
Par ses fils dispendieux.
Ils pensent à l'amour,
Qui demain, peut-être, ne sera plus.
Ils pensent aux glaïeuls et aux roses de jadis,
Que le soleil fait flétrir,
Trop de silence éteint l'émotion.

Ils pensent à l'existence,
À ses tiraillements,
À la nuit bien trop longue,
Au naufrage de tout,
Du principe et de la raison.

Ici, aucune vache ne meugle,
Aucun ruisseau ne coule,
Le sable règne et brûle,
La vie peu à peu se vide de son suc,
Ils pensent aux ténèbres qui rôdent,
Cherchant qui dévorer le premier.
Ils pensent à l'hexagone,
Qu'ils atteindront au bout de mille souffrances,
Et de mille vécus,
Aux acrobaties qu'ils devront faire,
Et au fouet reçu.

In the desert

Alone, exposed to the wind,
They are thinking of the path they travelled,
Of the family left behind,
Of the blessing of a mother
Crushed by the burden.
And of the advice of a father
Suppressing his tears.
Thinking of Africa, that lazy mother,
Who misses her precious sons.
Of the love
That may no longer exist tomorrow.
Of gladioli and roses,
Withered by the sun.
Too much silence extinguishes emotions.

Thinking of their existence,
Of their pains,
Of the night that was far too long,
Of the downfall of everything,
Of principles and reason.

No cattle shouting here,
No water flowing,
Sand reigns and burns.
Life gradually loses its juices.
They are thinking of the lurking darkness
That is always in search of whom devouring first.
Thinking of the hexagon,
That they will reach, after a thousand sufferings
And after a thousand experiences.
Of the tricks they have to undertake,
And of all the whippings they received.

In der Wüste

Allein, dem Wind ausgesetzt,
Denken sie an den zurückgelegten Weg,
An die zurückgelassene Familie.
Sie denken an den Segen einer Mutter,
Die von der Belastung zu Boden ging,
Und an den Rat eines Vaters,
Der die Tränen unterdrückt.
Sie denken an Afrika, diese träge Mutter,
Die ihre teuren Söhne vermisst.
Sie denken an die Liebe,
Die es morgen vielleicht nicht mehr geben wird.
Sie denken an Gladiolen und Rosen,
Von der Sonne verdorrt.
Zu viel Stille löscht Emotionen.

Sie denken an ihre Existenz,
An ihre Schmerzen,
An die viel zu lange Nacht,
An den Untergang von allem,
An Prinzipien und Vernunft.

Hier brüllt kein Vieh,
Fließt kein Wasser,
Es regiert und brennt nur Sand.
Allmählich verliert das Leben seine Säfte,
Sie denken an die lauernde Dunkelheit,
Die immer auf der Suche ist, wen sie zuerst
Verschlingen soll. Sie denken an das Hexagon,
Das sie nach tausend Leiden,
Und nach tausend Erfahrungen erreichen.
An die Kunstgriffe, die sie unternehmen müssen,
Und an die erhaltenen Peitschenhiebe.

À la muse, puisqu'il faut la chérir

À la muse, puisqu'il faut la chérir,
À l'étoile puisqu'il faut bien la contempler,
J'adresse mes ovations, les plus solennelles.

À la femme que le cœur a aimée,
À cette bonne amie qui un jour vint et me séduit,
J'envoie ce bouquet de houx,
Savamment apprêté:
Son éclat qui fleuronne mérite
Quelques tendres et cocasses baisers,
Car que vaut un roi loin de sa reine,
Que vaut une peluche si l'enfant ne l'étreint.

À la muse et à l'amour aussi,
Â l'errance qui en est la raison,
À l'essentiel qui maintient la vie,
J'adresse mes complaintes qui assurément,
Tonneront assez fort,
Pour me rappeler que le temps est venu d'aimer,
De se choisir un visage que l'on supporte,
Une âme synchrone.

À la plume, puisqu'il le faut,
J'ai dit en sifflotant que l'amour soigne,
Qu'il est un remède efficace,
À essayer quand la brume élève son mur,
Il est un baume qui rafraichit les cœurs endoloris.

À la muse comme à une pierre écarlate,
Comme à une mère qui toute sa vie,
A supporté tant de vomis,
Sans jamais demander réparation,
Je lance un défi, celui de l'aimer follement,
De l'aimer exponentiellement.

To the muse, since she must be cherished

To the muse, since she must be cherished,
To the star, since it must be contemplated,
I address my most solemn ovations.

To the woman whom my heart loved.
To this good friend, who one day
Came and seduced me,
I send this skilfully prepared bouquet of holly:
Its blooming radiance deserves
A few tender and odd kisses,
For what good is a king, far from his queen,
What good is a teddy bear
If not hugged by a child?

To the muse and also to love,
To the error that is its reason,
To the essential, for the preservation of life,
I voice my laments,
Which will surely thunder loud enough,
To remember that time has come to love
And to choose a face to bear.
A synchronous soul.

Whistling softly, I had to tell my inspiration
That love heals,
That it is an effective remedy,
To utilise when the fog piles up its wall.
It is a balm
That refreshes aching hearts.

To the muse, as to a scarlet stone,
Likewise to a mother, who endured
So much vomit, during all her life
Without ever demanding compensation.
I appeal to you to love her madly,
To love her exponentially.

An die Muse, da man sie schätzen muss

An die Muse, da man sie schätzen muss,
An den Stern, da man ihn wohl betrachten muss,
Richte ich meine höchsten Ovationen.

An die Frau, die ich von Herzen liebte.
An diese gute Freundin,
Die eines Tages kam und mich verführte,
Schicke ich diesen kunstvoll gestalteten
Stechpalmenstrauß:
Sein blühender Glanz verdient
Ein paar zärtlich-komische Küsse,
Denn was nützt ein König, fern von seiner
Königin, Was nützt ein Teddy,
Wenn nicht vom Kinde umarmt?

An die Muse und auch an die Liebe,
An das Irren, das deren Grund ist,
An das Wesentliche, zum Erhalt des Lebens,
Richte ich meine Klagen,
Die sicherlich laut genug donnern werden,
Um daran zu denken, dass Zeit für Liebe da ist
Und um ein Gesicht zu wählen, das man erträgt.
Eine synchrone Seele.

Zur Inspiration, musste ich leise pfeifend sagen,
Dass Liebe heilt,
Dass sie ein wirksames Heilmittel ist,
Sehr nützlich, wenn der Nebel seine Mauer
auftürmt. Sie ist Balsam,
Der schmerzende Herzen erfrischt.

An die Muse, so wie an einen scharlachroten
Stein, so wie an eine Mutter, die ihr ganzes
Leben lang, so viel Gekotze ertrug,
Ohne je um Sühne zu bitten.
Ich Appelliere an euch ich, sie wie irr zu lieben,
Sie exponentiell zu lieben.

La jeunesse ce beau présage

La jeunesse ce beau présage,
Cette vie que l'on mésestime,
Ce sacre que nombreux méconnaissent,
Cet âge oublié qui nous dépure ou nous déforme,
Cette bretelle que tous empruntent.

Moi, je la veux idéaliste, ingénue,
Je la veux solidaire face au
Magma qui ne cesse de monter,
Je la veux solide face au vent,
Habile en tout point,
Eveillée à tous égards, comme mon âme, d'ailleurs,
Pour dire halte aux billevesées des hommes liges,
D'un roi en panne de raison,
Tant le mal est profond.

Pour contrer le plan ficelé contre les beaux jours,
Qui s'annoncent.
Je la veux fugace, révoltée
Contre l'ennui.

La jeunesse est une saison de fraiches cueillettes,
Un printemps hautement mûri,
Un hiver jamais glacial.
Elle réussit à celui
Qui sait dompter ses travers.

Youth, this beautiful omen

Youth, this beautiful omen,
This life that we underestimate,
This coronation that many ignore,
This forgotten age that cleanses or disfigures us,
This driveway taken by all.

I want it idealistic and naive,
I want it united with
The ever-rising magma,
I want it to resist the wind,
Competent in every respect,
Awake in every way, such as my soul, by the
way,
To end the liege men's nonsense,
Of a king who lacks reason.
Evil runs so deep.

To counteract the fixed plan against
The good days to come,
I would like it to be transient
And rebellious against boredom.

Youth is a time of fresh harvest,
A mature spring,
A winter that is never frosty.
And anyone who knows how to control mistakes,
Will be successful with it

Jugend, dieses schöne Omen

Jugend, dieses schöne Omen,
Dieses Leben, das wir unterschätzen,
Diese Krönung, die viele ignorieren,
Dieses vergessene Alter, das uns reinigt oder
entstellt, Diese Auffahrt, die alle nehmen.

Ich möchte sie idealistisch und naiv,
Ich wünsche sie mir vereint mit dem ständig
steigenden Magma,
Ich möchte, dass sie dem Wind widersteht,
In jeder Hinsicht kompetent
In jeder Hinsicht wach, wie meine Seele,
übrigens,
Um den Unsinn der Lehnsmänner zu beenden,
Von einem König, dem es an Vernunft mangelt.
So tief sitzt das Böse.

Um dem festen Plan gegen
Die kommenden guten Tage entgegenzuwirken,
Wünsche ich sie mir flüchtig
Und gegen Langeweile rebellierend.

Die Jugend ist eine Zeit der frischen Ernte,
Ein hochreifer Frühling,
Ein Winter, der niemals frostig ist.
Sie gelingt jenem,
Der seine Fehler zu bändigen weiß.

Fais quelque chose

Fais quelque chose, de ton existence,
Etire-toi très souvent,
Va vers l'obstacle,
S'il résiste, dis-lui:
«Demain je reviendrai,
Et je te ferai fléchir,
Tu es le rocher, je suis le marteau,
Demain je t'aplatirai.»

Va vers le quidam,
Entends ce qu'il te dira,
Tamise, enlève la gangue,
Si tout entre vous converge,
Nouez-là une alliance.

Poursuis ton périple et va vers la forêt,
Parcours-la du regard,
Vois qu'elle est touffue,
Mais n'empêche qu'elle se serre les coudes,
Pour ne point abdiquer face à l'envahisseur.

Et enfin, reviens,
Pose tes yeux sur ton âme,
Compte les bienfaits de ce long voyage,
Admire l'étreinte qui s'en est suivie,
Réjouis-toi et pense à demain,
Pour d'autres conquêtes.

Do something

Cheer up my fiend,
Stretch yourself repeatedly
And seek the challenge.
If it is stubborn, just say:
"I will be back tomorrow
To bend you.
You are the rock, I am the hammer.
You are due tomorrow."

Find any person,
Listen to what he will tell you,
Strain, relax.
If everything is going well,
Connect there.

Continue your journey and search the forest.
Look around you!
How wild it is
And still holds together,
To repel the invaders.

Return at the end
Look straight into your soul,
Consider the benefits of this long journey,
Admire the embraces that followed,
Enjoy yourself and plan your tomorrow,
And any further conquests.

Mach etwas

Mach etwas aus dir,
Räkle dich wiederholte Male
Und suche die Herausforderung.
Wenn sie widerspenstig ist, sag ihr:
„Morgen komme ich zurück
Und ich biege dich.
Du bist der Fels, ich bin der Hammer.
Morgen bis du fällig."

Suche irgendeinen Menschen,
Höre, was er dir sagen wird,
Siebe aus, entspanne dich.
Wenn alles gut zwischen Euch läuft,
Vernetze dich dort.

Setze deine Reise fort und suche den Wald.
Sieh dich um,
Wie wild er ist,
Und dennoch zusammenhält, .
Um die Eindringlinge abzuwehren.

Kehre am Ende zurück,
Blicke direkt in deine Seele,
Betrachte die Wohltaten dieser langen Reise,
Bewundere die Umarmungen, die darauf folgten,
Erfreue dich und denke an morgen,
An weitere Eroberungen.

À ma bienaimée

Je prie pour que le soleil sur toi,
Jette son regard bienveillant,
Pour qu'il t'éclaire sans te brûler,
Ta peau est trop tendre.
Je prie pour qu'il n'exerce sur toi aucune tyrannie,
Pour illuminer les jours de ton pèlerinage,
Sur cette terre immonde.

Je prie pour que l'amour sur tout l'emporte:
Les querelles qui ne mènent à rien,
La haine qui fait stagner bien des peuples.
Pour que les nations s'embrassent,
Et que les peuples se connaissent.

Je prie pour que la nuit s'incline,
Devant l'éclat de tes yeux,
Pour que nul dissentiment ne triomphe,
Et que la lune s'encoigne en silence,
Car, tout flamboie par toi et pour toi.

À ma bienaimée, comme à cette rose,
Qui s'accroche au rosier,
J'ai confié mon cœur,
Je l'ai emballé d'un fin linceul,
Pour mieux tenter sa délicatesse.

To my love

I pray that the sun casts
Its benevolent gaze on you,
Enlightens, without burning you.
Your skin is too delicate.
I pray that she does not harm you,
To brighten the days of your pilgrimage
On this filthy earth.

I pray that love triumphs over all:
Over arguments that lead to nothing,
Over hatred ensuing people's stagnation.
So that the nations embrace
And people get to know each other.

I pray that the night bows
Before the shine of your eyes,
So that no dissent wins
And that the moon sets in silence,
As everything burns through you and for you.

To my lover and this rose,
Who clings to the rose bush,
I have entrusted my heart,
I wrapped her in fine linen cloth,
To better feel their tenderness.

.

An meine Geliebte

Ich bete, dass die Sonne ihren Blick
Wohlgesonnen auf dich wirft,
Dich erleuchtet, ohne dich zu verbrennen.
Deine Haut ist zu zart.
Ich bete, dass sie dir nicht schadet,
Und die Tage deiner Pilgerreise
Auf dieser schmutzigen Erde erhellt.

Ich bete, dass die Liebe über alles siegt:
Über die Streitereien, die zu nichts führen,
Über den Hass, der das Volk zum Stillstand
bringt. Damit sich die Nationen umarmen
Und die Menschen einander kennen lernen.

Ich bete, dass sich die Nacht verneigt
Vor dem Glanz deiner Augen,
Damit kein Dissens gewinnt
Und dass der Mond in Stille untergeht,
Denn alles brennt durch dich und für dich.

Meiner Geliebten und dieser Rose,
Die sich am Rosenstrauche hält,
Habe ich mein Herz anvertraut,
Ich habe sie in feines Leinentuch gehüllt,
Um ihre Zartheit besser zu genießen.

Le temps du silence

Le temps du silence est le plus éclectique,
Il nous berce, nous caresse le front,
Et même nous endort.
C'est le temps que le prince raffole,
Il est sibyllin, peu fade et assez tonique,
Il pénètre en moi tel un brasier,
Illumine mon esprit et l'éloigne de l'angoisse,
C'est le temps où chacun se mire,
Le temps où chacun s'encastre dans la peau de sa bienaimée,
Pour la renifler plus profondément.

Le temps du silence est celui où,
Le regard sur les mots l'emporte,
C'est le temps marqué pour tout espérer,
Le temps opportun pour dialoguer avec soi,
C'est le temps du voyage vers l'au-delà,
Le temps que Dieu a fait pour écouter,
Ce qui ruine l'homme,
C'est le temps du mystère.

On criera sur les toits,
Des acrobaties se feront, sans que cela ne l'anticipe,
Il viendra malgré nous,
Malgré nos prières et nos lamentations.
C'est le temps qui nous lave de notre égoïsme,
Et nous prédestine au salut.

Nos aïeux l'ont connu,
Ils dorment paisibles,
Nous le connaîtront et ce monde inapaisé,
Ne sera plus qu'un lointain souvenir.

The time of silence

The time of silence is the most versatile.
It rocks us, strokes our foreheads,
Singing us a lullaby.
It is the time that the prince loves dearly.
He is mystical, not boring and quite alert.
He penetrates me like fire,
Enlightens my mind and frees it from sorrow.
It is the time when everyone turns inward
And buries himself in the skin of his loved one,
To sniff her deeper.

The time of silence is the time
In which the focus is on the words.
It is the time that is destined for all hopes,
The best time to talk to yourself.
It is the time of the journey into afterlife.
The time God has created to listen.
What ruins people
Is the time of mystery.

We will shout from the rooftops,
Dance on a rope without knowing it.
He will come anyway,
Despite our prayers and our lamentations.
It is the time that purifies our selfishness
And leads us to salvation.

Our ancestors have already experienced it,
They sleep peacefully.
We will find that out and this peaceless world.
Will be nothing else than a distant memory.

Die Zeit der Stille

Die Zeit der Stille ist die vielseitigste Zeit.
Sie wiegt uns, streichelt unsere Stirn
Und singt uns ein Wiegenlied.
Es ist die Zeit, die der Prinz abgöttisch liebt.
Er ist mystisch, nicht langweilig und sehr alert.
Er durchdringt mich wie ein Feuer,
Erleuchtet meinen Geist und befreit ihn von Leid.
Es ist die Zeit, in der jeder in sich kehrt
Und sich in die Haut der Geliebten eingräbt,
Um sie tiefer zu beschnüffeln.

Die Zeit der Stille ist die Zeit,
In der der Blick auf die Worte gilt.
Es ist die Zeit, bestimmt für alle Hoffnungen,
Die beste Zeit, um mit sich selbst zu sprechen.
Es ist die Zeit der Reise ins Jenseits.
Die Zeit, die Gott geschaffen hat zuzuhören.
Was den Menschen ruiniert,
Ist die Zeit des Mysteriums.

Wir werden von den Dächern schreien,
Seiltanzen, ohne es zu ahnen.
Er wird trotzdem kommen,
Trotz unserer Gebete und unserer Wehklagen.
Es ist die Zeit, die unseren Egoismus reinigt
Und uns zur Erlösung führt.

Unsere Ahnen haben es schon erfahren,
Sie schlafen friedlich.
Wir werden es erfahren und diese friedlose Welt
Wird nichts weiter sein als ferne Erinnerung.

Un désir de trop

Le désir de trop, c'est celui qui n'arrange personne,
Celui qui broie l'humanité.
C'est le plus sadique des éteignoirs,
C'est celui qui engage le canon et mobilise les tirailleurs,
C'est le goût du sang,
Qui soudain prend le pas,
Sur tous les pactes signés avec emphase,
C'est l'amant qui cogne
Au visage de sa dulcinée,
Après l'avoir aimée, si follement,
Dira-t-on.

C'est une démence à peine découverte,
Et j'entends par démence notre passion pour les cadavres,
Nous marchons dessus comme sur du bois mort,
Seule l'odeur nous émeut.

Les frères qui naguère se tenaient dans la main,
Maintenant se regardent en chiens de faïence,
Deux adultes s'entretuent devant les enfants.
O belligérants, en cette belle saison,
Ayez des raisons d'aimer,
Baissez la mitraillette,
Faites l'amour et non la guerre.
Enivrez-vous et oubliez vos discordes.

One wish too many

The desire for too much suits no one,
It crushes humanity.
It is the most sadistic of all extinguishers,
That brings out the cannons
And gets the shooters mobilized.
It is the taste of blood,
That suddenly gains pace
In all urgently concluded pacts.
It is also the lover who beats his Dulcinea,
After loving her madly.
That is what they say.

It is a barely discovered dementia.
A dementia with a passion for corpses.
We walk on them like on dead wood.
Only the smell bothers us.

The brothers who once shook hands
Now look at each other like clay dogs.
They kill each other in front of the children.
Oh, you warriors, in this beautiful season,
You have every reason to love.
Lower the machine gun.
Make love and not war.
Get drunk and forget your discord.

Ein Wunsch zu viel

Der Wunsch nach zu viel passt zu niemandem,
Er zermalmt die Menschheit.
Er ist der sadistischste aller Vernichter,
Der die Kanonen auffährt
Und die Schützen mobilisiert.
Es ist der Geschmack des Blutes,
Der sich plötzlich Platz schafft
In allen dringlich geschlossenen Pakten.
Es ist der Liebhaber, der seine Dulcinea schlägt,
Nachdem er sie wie wahnsinnig liebte.
So sagt man.

Es ist eine kaum entdeckte Demenz.
Eine Demenz mit einer Leidenschaft für Leichen.
Wir schreiten auf ihnen wie auf totem Holz.
Nur der Geruch stört uns.

Die Brüder, die sich einst die Hände reichten,
Schauen sich jetzt an wie Tonhunde.
Sie töten sich vor den Augen der Kinder.
Ach ihr Krieger, ihr habt in dieser schönen
Jahreszeit alle Gründe zu lieben.
Senkt das Maschinengewehr.
Macht Liebe und keinen Krieg.
Betrinkt euch und vergesst eure Zwietracht.

Tu n'étais qu'un chiffre

Tu n'étais qu'un chiffre
Parmi tant d'autres,
Quand tu naquis,
Un petit bout d'homme, ne sachant quoi dire.
Ton cri, le premier, fut une détresse.
Tu quittais le confort du placenta,
Pour les aléas de ce bas monde.

On prit soin de t'aimer, aux premières heures,
Pour t'éviter l'angoisse, t'éloigner du marasme,
Tu vécus comme un prince,
Heureux en tout point.

Et quand vint ce jour,
Où il fallait voler de tes propres ailes.
Tu broyais le noir dans un recoin,
Nul n'osait te sentir,
Tu puais tellement qu'on te mit dans un enclos,
Tu étais pauvre et on s'écartait de toi,
Tu n'étais qu'un rien aux yeux des évolués.

Mais un jour, soudain,
Quand les temps furent accomplis,
Tu rencontras la providence,
Sortis des lieux insalubres,
Pour habiter au milieu des géants.

Ils reviendront vers toi,
Ceux qui te crachèrent au visage,
Ne les laisse pas courber l'échine
Et faire leurs contritions,
Reçois-les et fais ce qui te conviendra,
Tout en gardant ton œil éveillé.

You were just a number

When you were born, you were just one number
Among many.
A little piece of human being,
That did not know what to say.
Your first scream was torture.
You have left the hoard of the placenta
For the dangers of this world.

We took care to love you from the beginning,
To protect you from suffering and marasma.
You lived like a prince.
Happy in every way.

And when that day came,
When you had to fly with your own wings,
You brooded in a corner.
Nobody dared to smell you.
You smelled so bad that we locked you up.
You were poor and we moved away.
You were nothing in the eyes of the evolved.

But suddenly, one day,
In due time,
You met providence
From sick places,
To live among giants.

The ones that spat in your face,
Will haunt you.
Do not ask them to bow,
To show their remorse.
Welcome them and do as you please,
Keeping your eyes awake.

Du warst nur eine Nummer

Als du geboren wurdest, warst du nur eine
Nummer unter vielen.
Ein kleines Stück Mensch,
Das nicht wusste, was zu sagen sei.
Dein erster Schrei war eine Qual.
Du hast den Hort der Plazenta verlassen
Für die Gefahren dieser Welt.

Wir achteten darauf, dich stets zu lieben,
Dich vor Leid und Marasmen zu schützen.
Du lebtest wie ein Prinz.
Vollends glücklich.

Und als dieser Tag kam,
Da du mit eigenen Flügeln fliegen musstest,
Brütetest du in einer Ecke.
Niemand wagte es, dich zu riechen.
Du stankst so sehr, dass wir dich einsperrten.
Du warst arm und wir entfernten uns.
Du warst ein Nichts in den Augen der
Zivilisierten.
Aber plötzlich, eines Tages,
Zu reifer Zeit,
Trafst du auf die Vorsehung,
Aus siechen Orten,
Um unter Riesen zu leben.

Diejenigen, die dir ins Gesicht spuckten,
Werden dich heimsuchen.
Verlange nicht, dass sie sich verbeugen,
Um ihre Reue zu zeigen.
Empfange sie und mache, was dir gefällt,
Während du deine Augen wach hältst.

O femme

O femme,
Mère qui nous console,
Sœur qui nous étreint,
Épouse qui nous séduit,
Fille qui nous ramène à notre enfance,
Sois cette lueur parfaite,
Prends en main ton destin,
Aime sincèrement et conquiers ton espace.

Tu n'es pas cette viande sans valeur,
Que l'on goûte à sa guise,
Non, tu es une déesse,
Aux gigantesques potentialités,
Tu nous gardes cachés dans ton sein,
Tu nous laves et nettoies patiemment notre fessier,
À l'aube de notre jeunesse.

O femme,
Femme d'Afrique et des Caraïbes,
Femme étonnamment belle.
Femme d'Europe et d'Asie,
Qui s'émancipe ardemment.
Femme d'Amérique et d'Océanie,
Femme métissée.
Lève-toi et éclaire cette nuit,
Beaucoup trop sombre,
Qui fait peser sur nous le fardeau ineffable.

O femme,
Tu as semé le premier grain de cet amour.
Ne te laisse point voler l'attention,
Reste focus et rayonne davantage.

Oh woman

Oh woman,
Mother who comforts us,
Sister who hugs us,
Wife who seduces us,
Daughter who takes us back to our childhood,
Be that perfect splendour.
Take your fate into your hands,
Love sincerely and conquer your world.

You are not this worthless flesh,
Which we taste at will.
No, you are a goddess
With a primal force.
You keep us hidden in your breast.
You wash and cleanse us with patience
In the morning of our youth.

Oh woman,
Woman from Africa and the Caribbean,
Wonderfully beautiful woman.
Woman from Europe and Asia,
Who passionately emancipates herself.
Woman from America and Oceania,
Woman of mixed race,
Rise up and enlighten this night,
Which is far too dark
And placed untold burden on us.

Oh woman,
You have sown the first seed of love.
Do not allow anyone to steal your attention.
Stay centered and continue to shine.

Ach Frau

Ach Frau,
Mutter, die uns tröstet,
Schwester, die uns umarmt,
Ehefrau, die uns verführt,
Tochter, die uns in unsere Kindheit zurückführt,
Sei dieser vollkommene Glanz,
Nimm dein Schicksal in die Hand,
Liebe aufrichtig und erobere deine Welt.

Du bist nicht dieses wertlose Fleisch,
Von dem wir nach Belieben kosten.
Nein, du bist eine Göttin
Mit einer Urkraft.
Du hältst uns in deiner Brust verborgen.
Du wäschst und reinigst uns mit Geduld
Am Morgen unserer Jugend.

Ach Frau,
Frau aus Afrika und der Karibik,
Wunderbar schöne Frau.
Frau aus Europa und Asien,
Die sich leidenschaftlich emanzipiert.
Frau aus Amerika und Ozeanien,
Frau gemischter Abstammung,
Steh auf und erleuchte diese Nacht,
Die viel zu dunkel ist,
Und uns unsägliche Last auferlegt.

Ach Frau,
Du hast das erste Korn der Liebe gesät.
Lass dir deine Aufmerksamkeit nicht stehlen.
Bleib in deiner Mitte und strahle weiter.

Je viens

Je viens des taudis,
Où tout se ressemble,
Où bien et mal s'entremêlent,
Se font la passe, l'amour plutôt.
Et moi je n'ai encore rien choisi,
Un temps le bien triomphe
Et je brille au milieu de mes frères,
Et un autre temps, le mal s'invite
Et tout sombre.

Je viens de la nuit,
Bien sombre et bien géante,
Amis de Lampedusa,
Frères que le destin a éloignés de la tombe.

Je viens d'Afrique,
Celle qui aime marcher lentement,
Et jamais sûrement.

Je viens d'un déluge,
Sans Noé à bord pour crier à Dieu,
Son éternel auditeur,
Un déluge fait de silence, et de fracas.

Je viens de l'autre côté de la vie,
D'un monde dépouillé.
Et si demain je tourne les pouces,
Ou que je viens à farcer,
Rappelez-moi d'où je viens,
Pour vaincre ma paresse
Et poursuivre la lutte.

Je viens des taudis,
Où le colon lassé de me traquer,
S'est fait remplacer par mon frère docile,
Qui peu à peu semble dépasser son maître.

Coming

I come from the slums,
Where everything looks the same,
Where good and evil intertwine,
Pass each other and love each other.
And I have not chosen anything yet.
One day the goodwill triumph.
And I shine among my brothers,
And another day evil invites itself
And everything becomes dark.

I come from the night,
Very dark and gigantic,
Friends of Lampedusa,
Brothers, snatched from the grave by fate.

I come from Africa,
The one that likes to go slow
And never walks safely.

I come from a flood,
Without Noah on board calling out to God,
His patient listener,
In a flood of silence and noise.

I come from the other side of life,
From a reduced world.
And if I twiddle my thumbs tomorrow
Or come to joke,
Remind me where I come from,
To overcome my inertia
And to continue the fight.

I come from the slums,
Where the settler, too tired to chase me,
Was replaced by my submissive brother,
Who seems to be gradually surpassing his
master.

Ich komme

Ich komme aus den Slums,
Wo alles gleich aussieht,
Wo Gut und Böse ineinander greifen,
Aneinander vorbeigehen und sich lieben.
Und ich habe noch nichts gewählt.
Einmal triumphiert das Gute
Und ich erstrahle unter meinen Brüdern,
Und ein anderes Mal lädt sich das Böse ein
Und alles verfinstert sich.

Ich komme aus der Nacht,
Sehr dunkel und gigantisch,
Freunde von Lampedusa,
Brüder, die das Schicksal dem Grab entrissen.

Ich komme aus Afrika,
Das gerne langsam
Und nie sicher dahinwandelt.

Ich komme aus einer Flut,
Ohne Noah an Bord, der Gott anruft,
Seinen geduldigen Zuhörer,
In einer Flut aus Stille und Lärm.

Ich komme von der anderen Seite des Lebens,
Aus einer reduzierten Welt.
Und wenn ich morgen Däumchen drehe,
Oder zum Scherzen komme,
Erinnere mich daran, wo ich herkomme,
Um meine Trägheit zu überwinden
Und den Kampf fortzusetzen.

Ich komme aus den Slums,
Wo der Siedler, zu müde, um mich zu hetzen,
Durch meinen gefügigen Bruder ersetzt wurde,
Der seinen Herrn allmählich zu übertreffen
scheint.

Werkeverzeichnis des Autors[4]

Lyrik und Prosa

Stiegler Hannes, ChronoLogisches (Gedichte, Sprüche, Essays) ISBN-13: 978-3-7357-8735-4, 2014,

Stiegler Hannes, Der Hauch der Gewesenen (dokumentarischer Roman) ISBN-13: 978-3-7357-9038-5, 2014,

Stiegler Hannes, Tief aus meiner Seele (Trakl Inspirationen) ISBN-13: 978-3-7357-3890-5, 2014,

Stiegler Hannes, Sinnseiten (Gedichte, Sprüche, Essays) ISBN-13: 978-3-7347-8258-9, 2015,

Stiegler Hannes, Reisetagebuch Marokko (Marokko kontemplativ) ISBN-13: 978-3-8448-0217-7, 2016,

Stiegler Hannes, To Owe One Sikh (Gedichte, Sprüche, Essays) ISBN-13: 978-3-7431-6685-1, 2017.

Stiegler Hannes, Unter Platanen (Gedichte, Sprüche, Essays) ISBN 13– 978-3-7519.5323-8, 2020

Stiegler Hannes, Le tour du monde à travers la poésie des pays francophones – Weltreise durch die Poesie der frankophonen Länder – zweisprachige Ausgabe. ISBN 13– 978-3-7519-5045-9, 2020

Stiegler Hannes, Lampedusa, nos désirs et silences, Lampedusa Desires and Silence, Lampedusa, Sehnsucht und Schweigen (dreisprachige Ausgabe), ISBN 13-978-3-7597-2049-8, 2024

Stiegler Hannes, Corvettenkapitän Graf Conte di Guthenegg. Romanprojekt aus der Zeit der K.u.K Marine in Pula - Arbeitstitel

Anthologien

Stiegler Hannes, S. 26-28 in Wörterspuren 2018 hsg. Hubertus Chaim Tassatti

Stiegler Hannes, Sag Blätter, Jahresheft 2020, Literaturhaus Salzburg (5 Beiträge S. 104 - 105)

Stiegler Hannes, Die Besten Jahre verschrieben - 40 Jahre Sag, Literaturhaus Salzburg, ISBN 978-3-200-07826-0 2021 (2 Beiträge)

Stiegler Hannes, Sag Blätter, Jahresheft 2022/23, Literaturhaus Salzburg (8 Beiträge S. 98 - 103)

Wissenschaftliche Publikationen

Stiegler Hannes, We Rocked Salzburg, Bands und Musiker von der Nachkriegszeit bis in die 1980er, Schriftenreihe des Archivs der Stadt Salzburg 36, ISBN 978-3-902692-54-2 Colorama Verlag Salzburg, 2012.

Stiegler Hannes, Spielstätten des Jazz, der Tanz- und Rockmusik in Salzburg ... in „Those were the days...", Salzburgs populäre Musikkulturen in den 1950er und 1960er Jahren S. 75-103, ISBN 978-3-99012-398-0, Hollitzer Wissenschaftsverlag Wien 2017. In Zusammenarbeit mit dem Department für Musikwissenschaft an der Universität Mozarteum Salzburg. Forschungsprojekt und Symposium zum Thema Popularmusik in Salzburg.

Stiegler Hannes, Salzburg tanzt, swingt und rockt. Ausgewählte Spielstätten der Popularmusik in Salzburg vom Ende des Ersten Weltkriegs bis Ende der 60er Jahre. Zusammenarbeit mit dem Department für Musikwissenschaft an der Univ. Mozarteum Salzburg. ISBN 978-3-99012-994-0, Hollitzer Wissenschaftsverlag, Wien, 2023

---

[4] hannesstiegler2@gmail.com